우리개 성격별 맞춤 훈련

니와 미에코 감수 • 황혜숙 옮김

Green Home

반려견의 성격을 이해하여 서로가 행복한 삶을 살아가도록 친절한 방법으로 가르치자

내가 처음으로 개를 키운 것은 고등학교 3학년 때였다. 그때 개를 훈련시키는 일이 얼마나 중요한지 실감한 나는 그 일을 계기로 개와 관련된 일을 하기 시작했다.

시간이 흐르면서 사람과 개의 관계도 변해 왔다. 옛날에는 단순히 애완용이나 집을 지키는 목적으로, 혹은 주인의 사회적 지위를 과시하기 위해 개를 길렀다. 그러나 오늘날 개는 소중한 가족의 일원인 반려견으로서 사람과 더욱 깊은 관계를 맺고 있다. 그렇기 때문에 개와 사람 모두가 좀 더 편안하게 생활할 수 있도록 반려견에게 지켜야 할 예절이나 규칙을 잘 가르칠 필요가 있다. 개를 훈련시키는 방법도 과거에는 개가 잘못된 행동을 하면 엄하게 야단쳤다. 하지만 지금은 아이를 기르는 것과 마찬가지로 감정적으로 화를 내는 것보다 「이렇게 하자」라고 올바른 행동을 가르치고, 잘했을 때는 칭찬과 격려를 아끼지 않는 방법으로 변화했다.

또한 모든 개를 똑같은 방법으로 훈련시킬 수는 없다. 사람도 저마다 성격이 다르듯이 개도 저마다 성격이 다르다. 예를 들어 겁이 많은 성격의 개와 밝고 적극적인 성격의 개는 가르치거나 칭찬하는 방법도 다를 수밖에 없다.

이 책은 각각의 반려견의 성격에 맞는 훈련 방법을 알기 쉽게 소개한다. 개에 대한 애정표현은 사람마다 다르다. 다만 한 가지 부탁하고 싶은 것은 자신의 반려견을 이해하고, 반려견을 위해 더 좋은 환경을 만들어 주었으면 하는 것이다. 당신의 반려견을 잘 살펴보고 성격을 이해해서 사람과 개, 모두가 행복한 삶을 살아갈 수 있도록 친절한 방법으로 훈련시키자. 좀 더 많은 반려견이 주인과 좋은 신뢰 관계를 유지하면서 서로가 행복한 환경에서 살아가기를 바란다.

이바라키 동물전문학원 주임강사 니와 미에코

Prologue

훈련이란?

1. 견종이 같다고 성격도 같은 것은 아니다　10

성격은 '선천적인 것' 과 '후천적인 영향' 으로 만들어진다　12

성격에 따라 훈련도 달라져야 한다　14

어떤 성격인지 알아보는 방법_성격 판별법　16

2. 개는 어떤 동물인가　20

개는 무리를 지어 생활한다　22

개도 사춘기를 겪는다　24

견종의 특징을 이해한다　26

기르기 전에 가족과 먼저 의논한다　30

오해에서 비롯된 잘못된 훈련　32

 개의 보디랭귀지를 잘 관찰하여 기분을 이해하도록 노력하자　34

기본 훈련을 익힌다

1. 개는 주인의 인생 파트너 36
　주인은 생활 패턴을 바꾸지 않는다　38
　신뢰할 수 있는 주인이어야 한다　40
　사람과 함께 살려면 훈련은 꼭 필요하다　42
　강아지 때부터 훈련시킨다　44
　다양한 상황에 적응시킨다　46
　훈련은 즐거워야 한다　48

2. 칭찬하면서 기른다　50
　야단칠 상황을 만들지 않는다　52
　성격에 맞춰서 칭찬하는 방법　54

 개의 잠자리인 하우스는 왜 필요할까?　58

chapter 02

즐거운 생활을 위한 훈련 매뉴얼

1. 신뢰를 쌓는 노하우 Know How　60

　함께하는 놀이로 신뢰가 깊어진다　62
　몸을 만져도 가만있도록 훈련한다　66
　바르게 안는 방법을 마스터한다　68
　홀드 스틸_hold still　70
　터칭 ①　72
　터칭 ②　76
　시선 맞추기_eye contact　78

2. 실내에서 생활하기 위한 훈련　82

　서로 잘 지낼 수 있는 편안한 실내공간을
　만든다　84
　하우스 훈련　86
　화장실 훈련 ①　88
　화장실 훈련 ②　90
　식사 훈련　92
　집 보기 훈련 ①　96
　집 보기 훈련 ②　98

3. 실외에서 필요한 훈련　100

　개에게 맞는 목줄과 리드줄을 준비한다　102
　즐거운 산책　104
　다른 개와 어울리는 방법　108
　동료에게 인사시키는 방법　110
　자동차에 타는 훈련　112

COLUMN 003
반려견에게 맞는 사료를 선택하여
건강한 삶을 함께하자　114

chapter 03

기본적으로 익혀야 할 지시어

- 꼭 가르치고 싶은 훈련 116

  「앉아」 118
  「기다려」 122
  「이리 와」 126
  「엎드려」 130
  「손」 134

  COLUMN 004 장난감을 잘 분류하여 사용하면 훈련에 큰 도움을 준다 136

chapter 04

문제견에 대한 고민 해결

- 문제 행동은 어떻게 해결할까? 138

  짖는다 140
  짖는다 1 • 다른 개를 보면 짖는다 142
  짖는다 2 • 사람을 보고 짖는다 143
  짖는다 3 • 손님이 오면 짖는다 144
  짖는다 4 • 관심 끌기 위해 짖는다 145

문다/물어뜯는다 146
문다/물어뜯는다 1 · 물건을 물어뜯는다 148
문다/물어뜯는다 2 · 사람 손을 문다 150
대소변을 가리지 못한다 152
땅에 떨어진 음식을 먹는다 156
자전거나 오토바이를 쫓아간다 158
리드줄을 끌어당긴다 160
사람한테 달려든다 164
사람한테 달려든다 1 · 주인이 집에 돌아올 때 달려든다 166
사람한테 달려든다 2 · 산책 중 지나가는 사람에게 달려든다 167
사람한테 달려든다 3 · 손님에게 달려든다 167
분리 불안 168

부록

반려견과 함께 살 때 알아두면 좋은 정보

건강 관리도 주인의 책임이다 172
그루밍 방법 174
동물병원에 다니는 방법 178
증상으로 알아보는 질병 체크 180
거세와 피임 184
비만 예방 186
행복한 노후생활 188
애견학교(훈련소)는 어떤 곳? 190
이럴 때, 어떻게 할까? 191

Prologue

훈련이란?

1. 견종이 같다고 성격도 같은 것은 아니다
2. 개는 어떤 동물인가

Prologue
훈련이란?

견종이 같다고 성격도 같은 것은 아니다

사람의 성격이 다양하듯이 개의 성격도 저마다 다르다.
같은 견종이라고 해도 성격마저 같은 것은 아니다.
이 사실을 잘 이해하는 것이 중요하다.

개마다 특징이 다르며, 성격도 다르다

처음 개를 기를 때 어떤 종류의 개를 키울지를 결정하기 위해 여러 책을 살펴보게 된다. 이때 참고하는 것이 바로 견종의 성격이다. 예를 들면, 래브라도 리트리버는 착하고 사교적이며 기억력이 좋다고 알려져 있다. 하지만 같은 견종이라고 해서 성격까지 같은 것은 아니다. 같은 종류라도 성격은 저마다 다르다는 사실을 알아야 한다. 물론 견종마다 그들만의 특징이 있다. 개는 오랜 역사 속에서 양과 같은 가축을 지키거나, 물건을 운반하거나, 사냥을 하는 등 목적에 따라 사람에게 개량되어 왔다. 때문에 견종에 따라 특징이 다른 것이 사실이다.

많은 사람들이 혈액형에 따라 성격을 판단하는데 혈액형이 같다고 성격마저 똑같을 수는 없는 것처럼, 각각의 성격이 다른 것은 사람이나 개나 모두 마찬가지다. 함께 살고 싶은 반려견을 선택할 때에는 되도록 많은 개를 실제로 경험해 보고 그중에서 나와 맞는 개를 결정하자.

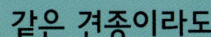 같은 견종이라도  성격은 다르다

사람도 혈액형이 같다고
성격마저 같지 않은 것처럼
반려견 역시 같은 견종이라도
성격은 제각각 다르다.

같은 닥스훈트라도 성격은 제각각

- 사람을 잘 따르고 명랑한 개
- 활발하고 정열적인 개
- 신경질적인 개

같은 골든 리트리버라도 성격은 제각각

- 온순하고 순종적인 개
- 영리하고 기억력이 좋은 개
- 장난이 심하고 제멋대로인 개

Prologue
훈련이란?

1 견종이 같다고 성격도 같은 것은 아니다

성격은 '선천적인 것'과 '후천적인 영향'으로 만들어진다

부모견으로부터 물려받은 성격이
그대로 그 개의 성격이 되는 것은 아니다.
주변 환경이나 기르는 방법이 성격 형성에 큰 영향을 준다.

💡 살고 있는 환경이나 기르는 방법에 따라 성격이 달라진다

타고난 성격이란 그 개의 혈통이며, 조상견이나 부모견으로부터 물려받은 것이다. 하지만 이런 선천적인 성격이 그대로 그 개의 성격이 되지는 않는다. 사람과 마찬가지로 개도 부모견으로부터 물려받은 성격 외에 살고 있는 환경이나 기르는 방법에 따라 성격이 달라진다.

예를 들어, 사람을 잘 따르는 부모견에게서 태어난 강아지가 그런 천성을 물려받았다고 하자. 그러나 강아지가 지내는 환경이 사람을 많이 만나지 않는 환경이거나, 사람과 좋지 않은 경험을 한다면 사람을 싫어하게 된다.

그 반대의 경우도 물론 있을 수 있다. 사람을 싫어하는 부모견에게서 태어났더라도 그 강아지가 어릴 때부터 사람은 친절한 존재이며 안심할 수 있는 존재라고 인식할 수 있는 환경에 있고, 그런 경험을 했다면 계속 사람을 잘 따르는 개가 될 수도 있다.

이처럼 타고난 성격을 환경이나 기르는 방법에 따라 더 좋게도, 나쁘게도 만들 수 있다는 사실을 잊지 말자.

개의 성격은 습성과 견종의 특징, 환경이나 기르는 방법에 따라 결정된다

개의 성격은 개가 지닌 습성과 견종에 따른 특징뿐 아니라, 생활 환경이나 기르는 방법 등의 영향으로 형성된다. 개 주인은 반려견의 성격을 잘 파악하여 좋은 점을 발전시켜야 한다.

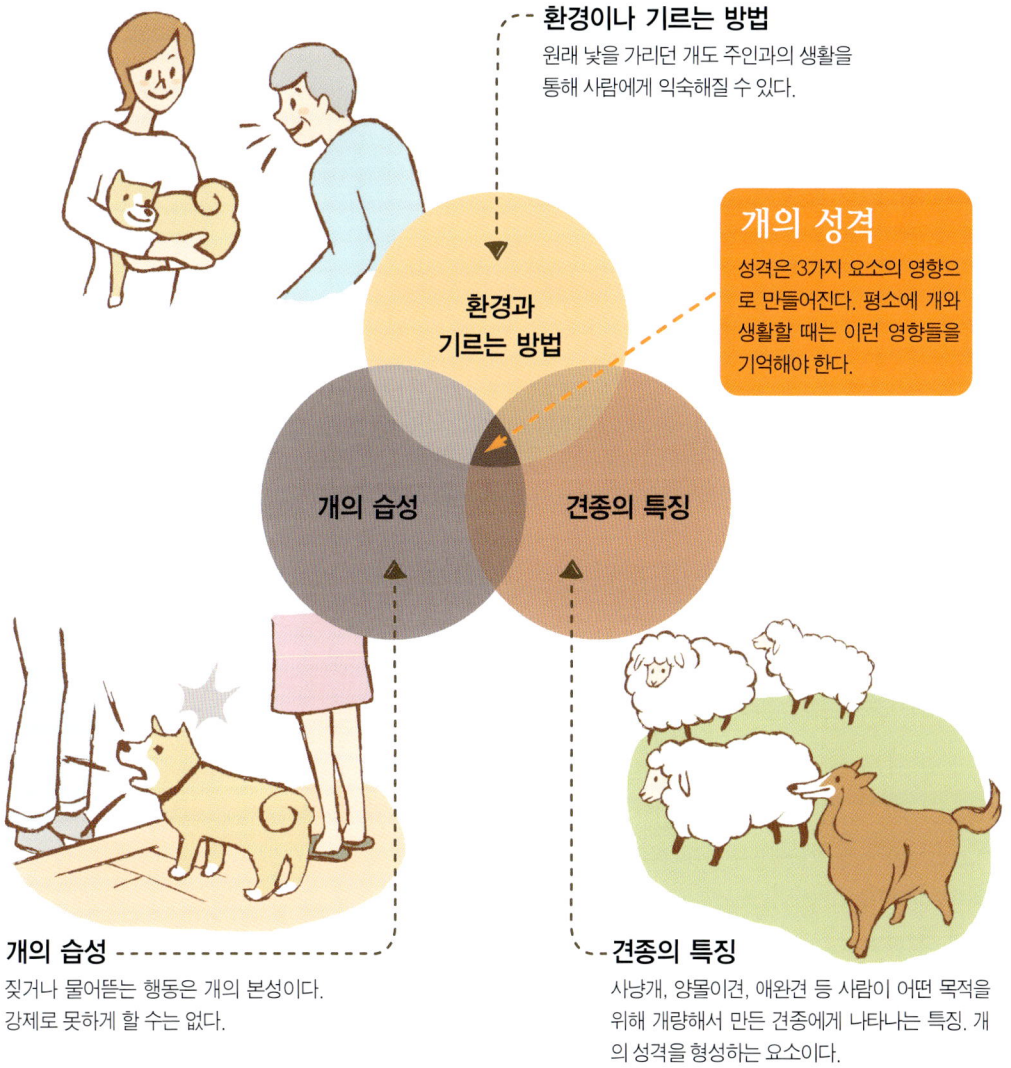

환경이나 기르는 방법
원래 낯을 가리던 개도 주인과의 생활을 통해 사람에게 익숙해질 수 있다.

개의 성격
성격은 3가지 요소의 영향으로 만들어진다. 평소에 개와 생활할 때는 이런 영향들을 기억해야 한다.

개의 습성
짖거나 물어뜯는 행동은 개의 본성이다. 강제로 못하게 할 수는 없다.

견종의 특징
사냥개, 양몰이견, 애완견 등 사람이 어떤 목적을 위해 개량해서 만든 견종에게 나타나는 특징. 개의 성격을 형성하는 요소이다.

Prologue 훈련이란?

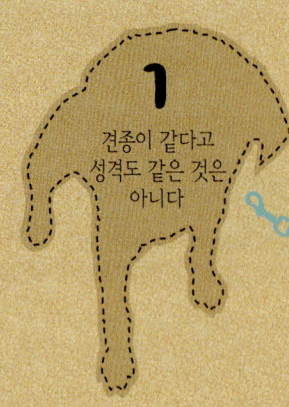

1 성격에 따라 훈련도 달라져야 한다

견종이 같다고 성격도 같은 것은 아니다

훈련이 잘 되지 않는다고 고민하기 전에
반려견의 성격에 맞춰서 훈련하고 있는지 생각해 보자.
개의 성격에 맞춰서 훈련도 달라지는 것이 중요하다.

💡 훈련 방법도 성격에 따라 각각 다르다

훈련할 때 무엇이든 흥미를 갖고 적극적으로 하는 개도 있지만, 같은 훈련을 해도 겁이 많아서 좀처럼 잘하지 못하는 개도 있다. 이처럼 성격에 따라 개의 행동도 달라진다. 사람도 저마다 성격이 다르듯이 개도 성격이 다르다는 사실을 이해하자.

훈련을 시킬 때 중요한 것은 개의 성격에 맞춘 훈련을 해야 한다는 사실이다.

성격이 느긋하고 제멋대로인 개를 훈련시키려면 주인에게 끈기가 필요하고, 밝고 활발한 개를 훈련시킬 경우에는 개가 너무 흥분하지 않고 차분하게 주인의 지시에 따르도록 해야 한다.

「우리 개는 훈련이 잘 안 돼요」라고 고민하는 사람이 의외로 많다. 그러나 고민하기 전에 반려견의 성격에 맞추어 훈련시키고 있는지 곰곰이 생각해볼 필요가 있다.

주인이 조급하게 굴면 개도 불안해한다. 왜 훈련하는 데 시간이 많이 걸리는지, 왜 주인의 목소리를 듣지 않고 흥분하는지, 개의 성격을 잘 이해하여 성격에 맞는 방법을 연구해 보자.

훈련도 성격에 맞춰서 한다

같은 내용을 가르치더라도 성격에 따라 가르치는 방법이 달라야 한다. 애견의 성격을 잘 이해하고 성격에 맞추어 훈련하자.

A 제멋대로인 개

느긋하고 기분파인 성격
이름을 불러도 반응이 없고, 처음에는 모른 척한다. 3번 정도 불러야 겨우 반응을 보이고 행동한다.

바로 행동하지 않아도
인내심을 갖고 훈련하는 것이 비결

B 잘 흥분하는 개

쉽게 기뻐하며 에너지가 넘치는 성격
사람과 함께 있는 것을 매우 좋아한다. 사람과 눈이 마주치거나 이름을 부르면 기뻐서 달려든다.

차분하게 안정시키고,
흥분하지 않게 훈련하는 것이 비결

Prologue
훈련이란?

1
견종이 같다고 성격도 같은 것은 아니다

어떤 성격인지 알아보는 방법 _성격 판별법

사람과 마찬가지로 개의 성격도 다양하다. 평소에 반려견의 모습을 잘 살펴보면 어떤 성격인지 알 수 있다.

 개의 성격은 크게 4종류로 나뉜다

각각의 성격에 맞추어 훈련을 시키려고 해도 과연 나의 반려견이 어떤 성격인지 쉽게 판단하기 어려운 경우도 있다.

사람의 성격도 여러 가지이듯이 개의 성격도 각양각색. 여기에서는 크게 4종류로 나누어 보았다.

- 밝고 명랑한 성격
- 제멋대로 행동하는 성격
- 겁이 많은 성격
- 고집이 센 성격

물론 이 4종류가 전부는 아니다.

한 가지 면만 보고 반려견의 성격을 속단하지 말고 다양한 상황에서 개의 모습을 관찰해 본다. 「우리 개는 밝고 명랑하고 사람도 잘 따르는데, 천둥소리만은 무서워해요」라고 말하는 주인도 있을 것이다. 장점은 살려주고 부족한 부분은 조금씩 극복할 수 있게 주인이 이끌어줘야 한다.

어떤 성격인지 알면 훈련 방법에도 요령이 생긴다. 성격에 맞춰 잘 가르쳐 보자.

4종류 성격의 특징

제멋대로 행동하는 성격
기분 내키는 대로 행동하는 타입. 칭찬을 받으면 크게 기뻐할 때도 있지만, 별다른 반응을 보이지 않을 때도 있다. 훈련하는데 시간이 걸리는 경우가 많다.

고집이 센 성격
자기 마음에 들지 않을 때 위협하거나 자신이 리더가 되고 싶어 하는 타입. 이런 성격의 개에게는 특히 주인이, 완전히 의지할 수 있는 리더가 되어야 한다.

밝고 명랑한 성격
밝고 호기심이 많은 반면에 쉽게 흥분하는 면도 있어서 내버려 두면 주인의 말에 귀를 기울이지 않고 너무 들뜨는 경향이 있다.

겁이 많은 성격
작은 소리에도 깜짝깜짝 놀라는 등 신경질적인 타입. 자신이 무서워하는 것이 나타나면 주인 뒤로 숨거나 무서운 나머지 반대로 맞서기도 한다.

여러 상황에서 반려견의 상태를 잘 살펴서 어떤 성격인지 판단해 보자

● **페트숍 또는 브리더에게서 강아지를 고를 때**
페트숍이나 브리더에게서 강아지를 고를 때 개의 상태를 잘 살펴보아야 한다. 예를 들어 형제견들과 장난을 치면서 활발한지, 혼자 놀거나 방구석에 웅크리고 있는지, 소리가 나면 깜짝깜짝 놀라는지 등을 살펴본다.

● **집 안에 있을 때**
혼자 두면 불안해하는지, 항상 주인의 관심을 끌려고 하는지, 기분 내킬 때만 주인과 놀려고 하는지, 새로운 장난감을 주면 바로 흥미를 보이는지 등을 살펴본다.

● **산책 등 밖에 있을 때**
다른 개와 만났을 때 적극적으로 다가가는지, 무서워서 주인 뒤로 숨어버리는지, 아니면 반대로 상대를 위협하는지 등을 살펴본다.

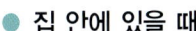
• 당신의 반려견은 어떤 성격? p.18~p.19

당신의 반려견은 어떤 성격?

훈련에 도움이 되도록 4가지 타입으로 나누어 보았다. A~D의 항목 중, 평소 개의 상태에 해당하는 것에 ✓체크해 보자.

A

- ☐ 이름을 부르거나 「이리 와」하고 불러도 바로 오지 않을 때가 있다.
- ☐ 개가 좋아하는 것을 손에 들고 있으면 「앉아」라고 할 때 앉지만, 없을 때는 반응하지 않을 때가 있다.
- ☐ 다른 개를 봐도 별 다른 관심을 보이지 않는다.
- ☐ 모르는 사람이 쓰다듬으면 좋아할 때도 있지만 싫어할 때도 있다.
- ☐ 놀자고 하면 기뻐할 때도 있지만 응하지 않을 때도 있다.
- ☐ 오랜 시간 산책할 때도 있지만 금방 집에 돌아가려고 할 때도 있다.

B

- ☐ 다른 개를 보면 스스로 다가가는 경우도 있지만 상대 개가 다가오면 짖거나 싫어한다.
- ☐ 모르는 사람이 쓰다듬으려고 하면 짖거나 으르렁거린다.
- ☐ 사람이 안아주는 것을 싫어한다.
- ☐ 산책할 때 자신이 가고 싶은 방향으로 간다. 가기 싫은 방향으로는 움직이지 않는다.
- ☐ 자신의 장난감이나 식기를 뺏기면 화를 낸다.
- ☐ 자신이 앉아 있거나 자는 곳을 바꾸면 화를 낸다.

C

- ☐ 다른 개를 보면 스스로 다가가고, 다른 개가 다가와도 싫어하지 않는다.
- ☐ 모르는 사람이 쓰다듬어주어도 좋아한다.
- ☐ 소리가 나면 소리 나는 쪽으로 확인하러 간다.
- ☐ 새로운 장난감에 바로 흥미를 보인다.
- ☐ 놀다가 일단 신이 나면 흥분이 가라앉지 않는다.
- ☐ 주인의 주의을 끌기 위해 이따금 일부러 장난을 친다.

D

- ☐ 다른 개를 보면 주인 뒤로 숨거나 짖는다. 먼저 다른 개에게 다가가지 않는다.
- ☐ 모르는 사람이 쓰다듬으려고 하면 숨거나 짖으면서 싫어한다.
- ☐ 작은 소리에도 깜짝 놀라면서 겁을 낸다.
- ☐ 큰 소리를 내면 놀라서 도망가 버린다.
- ☐ 새로운 장난감을 주면 바로 다가가지 않는다.
- ☐ 낯선 곳에 가면 무서워서 벌벌 떤다.

A~D 중에서 체크한 항목수에 따라 반려견의 성격 타입을 알 수 있다.

A에 체크한 항목이 많은 경우 —— 제멋대로 행동하는 성격
B에 체크한 항목이 많은 경우 —— 고집이 센 성격
C에 체크한 항목이 많은 경우 —— 밝고 명랑한 성격
D에 체크한 항목이 많은 경우 —— 겁이 많은 성격

각 타입의 특징은 p.17을 참조! 각 항목에 체크한 수가 같은 경우는 복합적인 성격이다.

※ 반드시 위의 타입만 있다고 할 수는 없다. 다양한 경우가 있으므로 성격을 판단하는 데만 참고하기 바란다.

Prologue 훈련이란?

2. 개는 어떤 동물인가

개는 왜 이런 행동을 할까?
그 이유를 알면 훈련에도 도움이 된다.
개가 어떤 동물인지 이해하고 사이좋게 지내보자.

개의 습성을 이해하면 훈련에도 도움이 된다

개를 가족의 구성원인 반려견으로서 소중하게 생각하는 주인이 늘어나고 있다. 그러나 귀엽다는 이유로 개의 어리광을 받아주거나 무엇이든 개가 원하는 대로 해주고 있지는 않은지 생각해볼 필요가 있다.

물론 가족이라는 마음으로 개를 대하는 태도는 매우 훌륭하다. 그러나 개를 사람처럼 대해서는 안 된다. 사람과 개는 서로 다르다는 사실을 잊어서는 안 된다.

사람과 개가 함께 살아가기 위해서는 개라는 동물이 어떤 습성을 지니고 있는지 이해해야 한다. 개는 왜 짖거나 무는 것일까? 그 이유를 알면 훈련도 훨씬 수월하다. 개의 습성도 모른 채 개가 하는 대로 내버려두면 나중에 문제 행동으로 발전할 수 있다.

개는 사람처럼 상대방에게 말로 자신의 의사를 전달할 수 없다. 그러므로 주인은 개를 자세히 관찰해서 무엇을 전하려고 하는지 이해해야 한다. 그것이 서로 좀 더 나은 관계를 맺는 데에도 도움이 된다.

훈련에 도움이 되는 개에 대한 이해

1 개의 습성
무리지어 생활한다, 리더를 따른다

이 시대에 집에서 기르는 개는, 가족을 무리라고 생각하고 그 속에서 리더를 찾으려고 한다. 개는 무리를 통솔하는 리더가 있어야 안심하고 생활할 수 있다. (●p.22)

2 견종의 특징
사냥개, 양몰이견, 애완견, 집지키는 개 등

사람은 개에게 특정한 일을 시키기 위해 개의 특징이나 성격을 그 일에 맞추어 강조시키고 개량시켜 왔다. 그렇게 만들어진 견종의 특징은 지금도 계속 이어지고 있다.(●p.26)

3 제각각인 개의 성격
한 마리 한 마리 성격이 다르다

개의 습성이나 견종의 특징은 어느 개한테서나 찾아볼 수 있지만, 사람과 마찬가지로 개도 성격이 제각각 다르다. 겁이 많은지, 명랑한지, 고집이 센지, 제멋대로인지……, 판단하는 것이 중요하다. (●p.16)

강아지는 부모견, 형제견과 놀면서 그들 사회에서 필요한 규칙을 배워나간다. 개의 습성을 이해하면 훈련에도 크게 도움이 된다.

Prologue
훈련이란?

2 개는 어떤 동물인가

개는 무리를 지어 생활한다

개는 원래 무리를 지어 생활해온 동물이다. 사람과 함께 살게 되면서 가족이라는 무리 속에서 의지할 수 있는 리더가 누구인지, 자신의 서열이 어디인지를 결정하게 된다.

개는 가족이라는 무리 속에서 서열을 정한다

개의 조상은 늑대라고 알려져 있으며, 개는 늑대와 마찬가지로 무리를 지어 생활하는 동물이다. 개의 무리 속에는 반드시 리더가 있다. 리더는 무리의 선두에 서서 무리의 조화와 안전을 지켰다. 무리를 이끌고 나가 사냥을 하면 리더가 제일 먼저 사냥감을 먹는다. 또한 리더를 제외한 무리 속에서도 서열이 정해지며 반드시 서열이 높은 자를 따라야 한다. 이처럼 무리 속에는 반드시 규칙이 정해져 있었다.

신뢰하고 안심할 수 있는 리더가 있다는 것은 개가 살아가는 데 매우 중요하다. 사람과 함께 생활하는 개에게는 함께 살아가는 가족이 같은 무리가 된다. 그리고 개는 가족 안에서도 서열을 정한다. 한 사람만 따르면 곤란하므로 개가 가족 중 누군가를 자신보다 서열이 아래라고 생각하게 만들면 안 된다.

이런 이유 때문에라도 가족 모두가 개가 의지할 수 있는 리더가 되도록 노력해야 한다.

개에게는 항상 리더가 필요하다

개는 가족이라는 무리 속에서 서열을 정한다. 가족 모두가 개가 의지할 수 있는 리더가 되자.

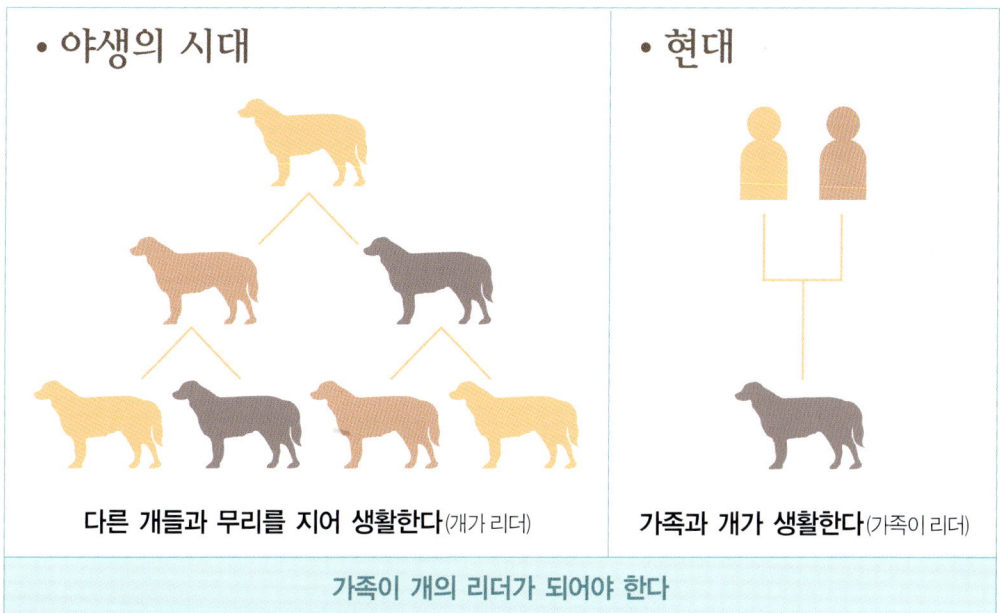

가족이 개의 리더가 되어야 한다

Prologue
훈련이란?

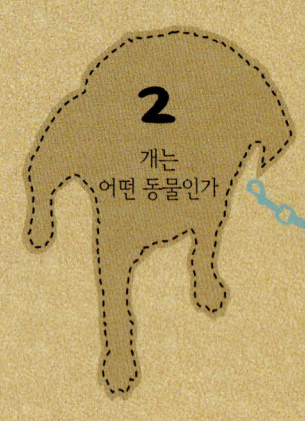

2 개는 어떤 동물인가

개도 사춘기를 겪는다

사람도 사춘기에는 부모에게 반항적인 태도를 보이는 등 여러 가지가 복잡한 시기이다. 개도 그런 시기를 겪는다. 하지만 이럴 때 주인은 한결같은 태도를 유지하는 것이 중요하다.

개가 반항적인 태도로 나와도 당황하지 말고 차분하게 대한다

성견이 되는 과정에서 개도 성적으로 성숙해지는 시기를 겪는다. 이 시기에는 몸의 성장과 함께 정신적인 면에서도 변화가 나타난다. 「강아지 때는 다른 개와 사이좋게 지냈는데 요즘은 다른 개만 보면 짖는다」는 주인도 있을 것이다.

수캐라면 다른 수캐와 암캐를 둘러싼 쟁탈전을 벌이거나, 또는 자신의 서열을 확보하려고 다른 개나 주인에게 반항적인 태도를 보이는 경우도 있다. 암캐도 저마다 차이는 있지만 강아지 때에 비해 다루기 힘들어지는 경우도 있다.

「앉아」하고 명령했을 때 전처럼 말을 듣지 않더라도 당황하지 말고 차분하게 대응해야 한다. 만약 앉지 않더라도 다시 한 번 몇 단계 전으로 돌아가 훈련을 시작하면 된다. 반항적인 행동을 그대로 두면 개는 점점 자신의 서열이 위라고 착각하게 된다. 주인은 항상 한결같은 태도를 유지하여 개가 의지할 수 있는 리더가 되어야 한다.

성견이 되기 위한 사춘기

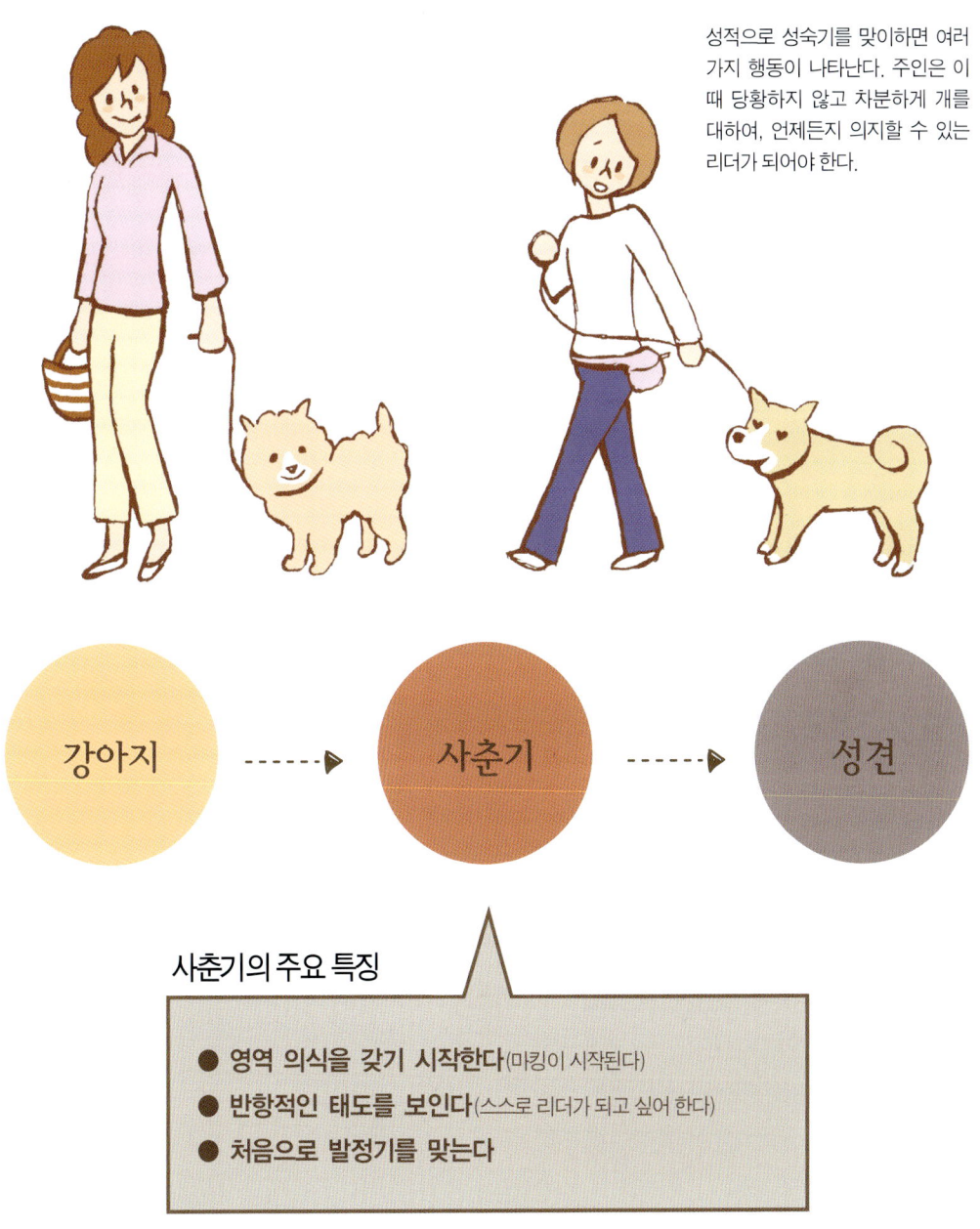

성적으로 성숙기를 맞이하면 여러 가지 행동이 나타난다. 주인은 이 때 당황하지 않고 차분하게 개를 대하여, 언제든지 의지할 수 있는 리더가 되어야 한다.

강아지 ----▶ 사춘기 ----▶ 성견

사춘기의 주요 특징

- 영역 의식을 갖기 시작한다 (마킹이 시작된다)
- 반항적인 태도를 보인다 (스스로 리더가 되고 싶어 한다)
- 처음으로 발정기를 맞는다

Prologue
훈련이란?

2 개는 어떤 동물인가

견종의 특징을 이해한다

견종에 따라 만들어진 목적이나 어떤 일을 해왔는지에 대한 차이가 있다. 훈련에 도움이 되도록 유전적으로 이어져온 견종의 습성을 알아두어야 한다.

💡 견종의 특징을 파악해서 훈련에 참고한다

사람과 개가 함께 해온 오랜 역사 속에서 사냥이나 가축을 지키는 일 등 목적에 맞추어 다양한 견종이 만들어졌다. 저마다 성격의 차이는 있지만 원래 그 견종이 갖는 특징이나 기질은 계속 이어지고 있다.

견종의 특징, 즉 그 견종이 어떤 목적에서 만들어졌으며, 어떤 일을 해왔는지를 알아두면 개와 함께 생활하고, 훈련시키는 데에도 도움이 된다.

● 견종별 10그룹

KKF(한국애견연맹)에서는 FCI(세계애견연맹)의 분류를 채택하고 있다. 만들어진 목적이나 특징에 따라 크게 10개 그룹으로 나누었다.

셔틀랜드 시프도그

시프도그 & 캐틀도그
Sheep Dogs & Cattle Dogs

1st GROUP

특징
양을 지키거나 소 등의 가축을 모는 일을 하기 위해 만들어진 견종. 부지런한 일꾼으로 사람의 지시에 신속하게 반응하고, 체력과 판단력이 뛰어나다.

주요 견종
펨브록 웰시 코기, 셔틀랜드 시프도그, 보더 콜리, 저먼 셰퍼드 도그, 러프 콜리 등.

미니어처 핀셔

핀셔 & 슈나우저, 몰로시안 타입, 스위스 마운틴 도그 & 스위스 캐틀 도그, 기타 관련 견종
Pinscher & Schnauzer, Molossoid breeds, Swiss Mountain and Cattle Dog, and other breeds

2nd GROUP

특징
가축뿐 아니라 가족을 보호하고, 조난사고가 일어났을 때 구조 활동을 하기도 하며, 군용견으로 활약하는 등 폭넓은 일을 해온 견종이다. 경계심이 강하지만 주인에게는 충실하다.

주요 견종
미니어처 슈나우저, 미니어처 핀셔, 버니즈 마운틴 도그, 도베르만, 그레이트 피레네 등.

요크셔 테리어

테리어
Terriers

3rd GROUP

특징
여우나 오소리 등을 구멍에서 쫓아내는 사냥을 주로 해왔던 견종. 참고로 정신력이 강하고 용감한 성질을 '테리어 캐릭터'라고 한다.

주요 견종
요크셔 테리어, 웨스트 하이랜드 화이트 테리어, 케언 테리어, 잭 러셀 테리어, 와이어 폭스 테리어 등.

미니어처 닥스훈트

닥스훈트
Dachshunds

4th GROUP

특징
토끼나 오소리 등의 사냥개로 활약하던 견종. 몸통이 길고 다리가 짧은 체형은 오소리 구멍에 들어가기 쉽도록 개량된 것. 밝고 활동적이며 용감하다.

주요 견종
스탠더드 닥스훈트, 미니어처 닥스훈트, 카닌헨 닥스훈트

시바견

스피츠 & 프리미티브 타입
Spitz & Primitive Types

특징
독일어로 스피츠란 '뾰족한 것'이라는 뜻. 스피츠계 견종은 입 주변이 튀어나오고 귀가 쫑긋 선 것이 특징이다. 프리미티브는 원시적인 체형의 견종으로 사냥개로 활약하던 진도견도 이에 속한다.

주요 견종
포메라니안, 진도견, 시바견, 재패니즈 스피츠, 시베리안 허스키, 사모예드, 차우차우 등.

5th GROUP

바셋 하운드

센트하운드 & 관련 견종
Scenthounds & related breeds

특징
뛰어난 후각을 가진 사냥개(하운드). 냄새로 사냥감을 찾아 막다른 곳으로 몬다. 길고 처진 귀가 특징. 사냥개로 활약했던 만큼 체력이 아주 좋다.

주요 견종
비글, 달마시안, 바셋 하운드, 프티 바세 그리퐁 방댕, 로디지아 리지백 등.

6th GROUP

아이리시 세터

포인팅 도그
Pointing Dogs

특징
조렵견으로 사냥감의 존재를 사냥꾼에게 알리는 역할을 해왔다. 사냥감의 위치를 가르쳐주는 자세에서 포인터와 세터로 나뉜다. 뛰어난 후각, 시각, 청각을 지닌 견종.

주요 견종
와이마라너, 아이리시 세터, 잉글리시 세터, 잉글리시 포인터, 브리타니 스파니엘 등.

7th GROUP

래브라도 리트리버

리트리버, 블러싱 도그, 워터 도그
Retrievers, Flushing Dogs, Water Dogs

8th GROUP

특징
조련견으로 사냥감을 물어서 회수(리트리버)하거나, 숨어 있는 새를 사냥꾼을 위해 날게 하는(블러싱) 일로 활약. 호수나 늪의 물새를 회수하는 것이 워터 도그이다.

주요 견종
골든 리트리버, 래브라도 리트리버, 아메리칸 코커 스파니엘, 잉글리시 코커 스파니엘, 플랫 코티드 리트리버 등.

치와와

컴패니언 & 토이 도그
Campanion & Toy Dogs

9th GROUP

특징
반려(컴패니언)견이나 애완(토이)견으로 사람에게 평안함을 주거나 귀여워하는 것을 목적으로 만들어진 견종. 소형견이 많고 사람을 잘 따르기 때문에 기르기 쉽다.

주요 견종
치와와, 파피용, 푸들, 시추, 말티즈, 퍼그, 프렌치 불도그 등.

살루키

사이트 하운드
Sight Hounds

10th GROUP

특징
시각(사이트)으로 사냥감을 찾아 재빨리 막다른 곳으로 몰아넣는 다리 힘이 좋은 견종. 멀리까지 내다볼 수 있도록 키가 큰 것이 특징이다. 활동적이고 민첩하며 운동량이 충분해야 한다.

주요 견종
이탈리안 그레이하운드, 휘펫, 아프간 하운드, 보르조이, 살루키 등.

29

> Prologue
> 훈련이란?

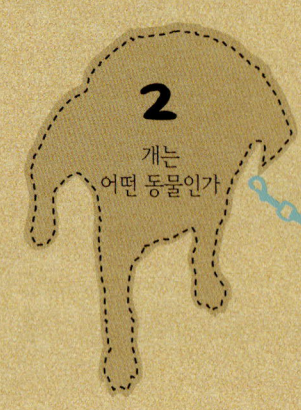

2 개는 어떤 동물인가

기르기 전에 가족과 먼저 의논한다

개를 기르려고 할 때 혼자서 돌볼 수 있는지, 아니면 가족의 도움이 필요한지, 이웃에 피해를 주지 않을지 등을 잘 생각해야 한다. 자신의 라이프스타일에 맞추어 신중하게 검토한 후 반려견을 데려온다.

자신이 기르려고 하는 개에 대해서 잘 알아야 한다

개를 기르기 시작하면 끝까지 돌봐줘야 한다. 반려견과 함께 살고 싶다면 제대로 돌볼 수 있는지, 산책을 할 수 있는지 잘 생각해보자.

주택 환경이나 가족 구성, 개한테 드는 경비 등 현실적으로 생각해야 할 문제가 많다. 만약 너무 귀엽게 생겨서라던지, 요즘 애완견 키우기가 유행한다고 해서 개를 기르기로 결정한다면 나중에 아프거나 늙었을 경우에 잘 돌보지 못하는 등의 문제가 생길 수 있다.

혼자 사는 사람이라면 집 지키는 훈련은 물론, 산책도 소홀히 해서는 안 된다. 또한 가족과 함께 사는 사람이라면 개에 관한 모든 것을 가족들과 잘 의논하는 것이 중요하다. 혼자서 개를 돌보는 것이 아니라 가족 모두가 함께 돌보는 것이 바람직하다.

이렇게 잘 돌보려면 자신이 기르고자 하는 견종의 운동량이나 관리 방법 등에 대해서 미리 알아둘 필요가 있다.

개를 기르기 전에 **확인해야 할 것**

1 산책 시간을 낼 수 있는가?

개에게 산책은 운동일 뿐 아니라 기분전환도 된다. 시간이 없다고 산책을 거르면 개도 스트레스가 쌓여서 문제 행동을 일으킬 수 있다. 소형견이라도 매일 함께 산책하도록 노력하자.

2 건강 관리를 제대로 할 수 있는가?

개의 건강 관리도 주인의 몫이다. 그리고 건강을 지키기 위해서는 샴푸나 발톱 정리 등도 꼼꼼히 해야 한다. 또한 질병 예방을 위한 예방접종이나 병에 걸렸을 때를 대비하여 치료비를 준비해 놓는 것도 필요하다.

3 가족 구성은 어떠한가?

개를 기른다는 것은 자식을 기르는 것과 마찬가지로 오랜 기간 함께 사는 것이다. 아직 어리다는 이유만으로 개를 제대로 훈련시키지 못한다면 나중에 곤란해진다. 또한 혼자 사는 사람은 자신이 없을 때 개를 어떻게 돌볼지 생각해 두어야 한다.

4 개를 기를 수 있는 환경인가?

실내(또는 정원 등)에서 개를 기를 수 있는 장소가 있는지 생각해 본다. 단독 주택인 경우에는 이웃에 폐를 끼치지 않도록 주의해야 한다. 또 아파트나 연립주택에서는 아래 윗집에 피해를 주지 않는 것은 물론, 개를 키울 수 있는지부터 확인해야 한다.

개를 기르려고 한다면, 처음부터 끝까지 책임지는 것이 중요하다

현재의 주거나 주변 환경, 그리고 개를 잘 돌볼 수 있는지 등을 심사숙고해서 데려와야 하며, 일단 기르기 시작했다면 책임지고 끝까지 돌봐주어야 한다. 쉽게 생각하고 기르다가는 여러 문제가 닥칠 때마다 잘 넘기지 못하고 버리게 된다. 개를 기르려면 끝까지 책임져야 한다는 생각을 가져야 한다.

Prologue
훈련이란?

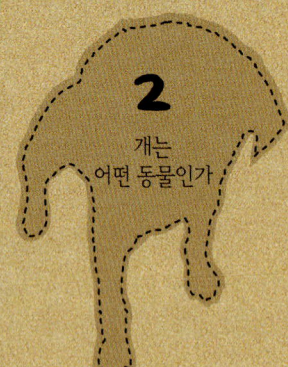

2 개는 어떤 동물인가

오해에서 비롯된 잘못된 훈련

개 훈련에 대해 잘 안다고는 하지만 혹시 잘못 알고 있는 부분은 없는가? 주인의 사소한 오해에서 시작된 훈련은 개에게 문제 행동을 일으킬 수 있다.

주인의 오해가 개의 문제 행동을 일으킨다

개 훈련에 대해 과연 얼마나 알고 있는가? 사소한 착각이 어쩌면 반려견의 문제 행동을 일으키는 원인이 될 수도 있다. 문제 행동을 보이거나 훈련에 실패한 것은 개에게 문제가 있는 것이 아니라, 주인이 올바른 방법을 모르고 오해하고 있었기 때문이다.

잘못을 깨달았다면 지금이라도 늦지 않았으니 올바른 방법으로 고쳐 나가자.

개 훈련에 대해 얼마나 이해하고 있나요? 체크

다음 사항을 체크해 보자.
체크한 항목은 옆 페이지의 어드바이스를 읽고 다시 훈련해 보자.

- ☐ 실내에서는 자유롭게 풀어주기 때문에 하우스는 따로 필요 없다.
- ☐ 잘못을 하면 그 자리에서 바로 혼내는 것이 제일 좋다.
- ☐ 소형견은 산책을 매일 나가지 않아도 된다.
- ☐ 필요 없는 슬리퍼라면 갖고 놀게 해도 된다.
- ☐ 집을 비울 때는 「얌전하게 기다리고 있어」라고 말한 뒤 외출한다.
- ☐ 훈련은 강아지 때부터 해야 하며 성견이 된 후에는 늦다.

다시 한 번 체크해야 하는 훈련 어드바이스

1 실내에서 기르더라도 하우스는 필요하다
개는 좁고 어두운 곳에 있어야 안정되는 습성이 있다. 하우스 훈련을 잘 해두면 개는 물론 주인도 안심하고 자신만의 시간을 보낼 수 있다. 또 주인이 집을 비울 때도 하우스가 있으면 개가 스트레스를 받지 않는다.

2 야단맞을 상황을 만들지 않는다
개가 잘못을 하면 꾸짖기보다 그런 상황을 만들지 않도록 노력하는 것이 중요하다. 장난하면 안 되는 물건은 치워놓고, 어떤 행동이 좋은 행동인지 부드럽게 가르쳐준다.

3 산책은 개의 스트레스 해소법이다
소형견이라도 견종에 따라서는 꽤 많은 운동량이 필요하다. 또한 산책은 개의 스트레스를 해소시키는 방법이기도 하다. 스트레스가 쌓이면 문제 행동이 나타날 가능성이 커지기 때문에 가능하면 매일 산책을 시키도록 노력한다.

4 개는 필요한 것과 필요 없는 것을 모른다
주인에게는 필요 없는 슬리퍼도 개는 그것이 필요 없는 물건인지, 아니면 새로 산 물건인지 구분하지 못한다. 개가 가지고 놀면 안 되는 물건은 근처에 두지 않는 것이 좋다.

5 외출할 때는 살며시 나간다
외로움을 많이 타는 개에게 외출 전에 「다녀올게」라고 말하면 개는 불안함을 느낀다. 외출할 때도 귀가할 때도 아무 일 없는 듯 살며시 하는 것이 기본이다. 처음에는 짧은 시간 동안 집을 비우는 것부터 시작해서 차츰 차츰 익숙해지도록 훈련한다.

6 훈련은 성견이 된 후에도 할 수 있다
강아지가 처음 집에 왔을 때부터 훈련하는 것이 중요하다. 하지만 성견이 된 후에도 훈련은 할 수 있다. 강아지 때에 비해 시간과 끈기가 필요하지만 병들거나 노령견이 아니면 다시 훈련시킬 수 있다.

개의 보디랭귀지를 잘 관찰하여 기분을 이해하도록 노력하자

개는 말로 자신의 의사를 상대에게 전달할 수 없다. 그 대신 온몸을 사용하여 자신의 의사를 표현한다. 그것이 개의 보디랭귀지다.

얼굴 표정이나 꼬리 흔드는 방법을 비롯해 몸을 크게 보이게 하거나 작게 보이게 하는 등, 개가 표현하는 보디랭귀지에는 여러 종류가 있다. 예를 들면, 기쁠 때는 눈을 크게 뜨고 꼬리를 높이 쳐들어 크고 세차게 흔든다. 무서울 때는 몸이 굳어지고 꼬리는 내린다. 또한 공격적일 때는 코 위에 주름을 만들고 이를 드러내며, 꼬리는 높은 위치에서 살짝 흔든다. 이처럼 평소 개의 모습을 잘 살펴보면 어떤 때 어떤 표정이나 행동을 하는지 조금씩 알 수 있게 된다.

본래 개는 싸움을 싫어하는 동물이다. 상대에게 자신은 적의가 없음을 나타내거나, 흥분한 상대나 자기 자신을 진정시키려는 의미로 카밍시그널이라고 불리는 표현도 한다. 주인에게 혼났을 때 개가 하품을 하는 경우가 있는데 이 또한 카밍시그널의 하나. 주인에게 「진정하라」고 호소하는 것이다. 상대방을 정면으로 바라보지 않고 얼굴을 돌리는 행동에도 「나는 당신에게 적의가 없어요!」라는 의미가 들어 있다.

이러한 카밍시그널이나 울음소리(◐p.141)를 통해 개가 무엇을 전달하려고 하는지 그것을 바로 이해할 수 있는 사람이 가장 가까이에 있는 주인이다. 평소 개와 커뮤니케이션을 하면서 개의 행동을 잘 관찰하여 기분을 이해해주는 시간을 갖도록 하자.

chapter 01

기본 훈련을 익힌다

1. 개는 주인의 인생 파트너
2. 칭찬하면서 기른다

Chapter 01
기본 훈련을 익힌다

개는 주인의 인생 파트너

반려견이란 말처럼 개가 인생의 좋은 파트너가 될지는
주인의 훈련에 달려 있다.
필요한 규칙이나 매너를 올바르게 가르쳐서
반려견과 함께 즐거운 삶을 살아가자.

반려견과 어떻게 생활하고, 어떤 것을 즐기고 싶은가?

예로부터 개는 사람과 함께 동고동락해온 동물이다. 현재도 안내견, 구조견, 경찰견 등 여러 분야에서 활약하고 있다. 그런데 애완견으로 기르는 개의 훈련 방식은 옛날과 많이 달라졌다. 옛날에는 개를 애완용 이상으로는 생각하지 않았지만, 오늘날에는 소중한 가족의 일원이고 좋은 삶의 동반자인 반려견으로 생각하는 사람이 많아지고 있다.

최근에는 개와 함께 즐길 수 있는 스포츠나 개를 데리고 갈 수 있는 카페와 레저시설, 숙박시설도 늘어나고 있다.

개와 함께 어떤 일을 해보고 싶다거나, 좋은 곳에 가고 싶다고 생각하는 것은 즐거운 일이다. 반려견과 어떤 생활을 꿈꾸는지에 따라 앞으로 어떤 것을 가르쳐야 할지가 결정된다.

반려견이 인생의 좋은 파트너가 되는 것은 훈련에 달렸다고 해도 과언이 아니다.

사람과 개가 함께 생활하기 위해 필요한 규칙이나 매너를 가르쳐서 서로에게 좋은 삶의 파트너가 되자.

개와 좋은 파트너가 되기 위해 주인이 주의해야 할 것

- 개의 페이스에 맞추는 것이 아니라, 주인의 페이스에 개를 맞추자.
- 개가 신뢰할 수 있는 주인이 되자.
- 사람과 함께 살아가는 데 필요한 매너를 가르치자.
- 강아지 때부터 여러 가지 상황에 적응시키자.

Chapter 01
기본 훈련을 익힌다

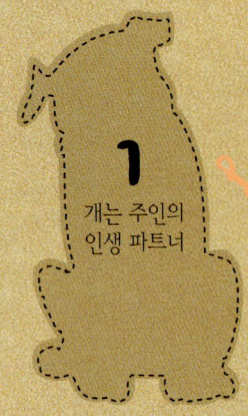

1 개는 주인의 인생 파트너

주인은 생활 패턴을 바꾸지 않는다

산책이나 식사, 놀이 등 개가 조른다고 응해주면 개는 점점 더 많은 것을 요구하게 된다. 어디까지나 주인이 모든 것에 주도권을 갖고 있어야 한다.

 개의 페이스에 맞추는 것이 아니라 주인의 페이스에 맞춘다

반려견이 귀여워 나도 모르는 사이에 응석을 받아주기가 쉽다. 그런 주인의 마음을 이해 못하는 것은 아니지만 애정을 갖고 귀여워하는 것과 응석을 받아주는 것은 다르다.

개가 산책을 가자거나 밥을 달라고 짖으면서 조른다고 얼른 응해주면 개는 「우리 주인은 언제든지 내 요구를 들어준다」고 학습하게 된다. 그렇게 되면 개는 점점 더 많은 것을 요구하게 된다. 주인이 개의 페이스에 맞춰주는 것이 아니라 개를 주인의 페이스에 맞추도록 하자. 무슨 일이 있어도 주도권은 어디까지나 주인에게 있어야 한다.

함께하는 시간을 충분히 갖는 것도 중요하지만, 개를 키운다고 주인이 자신의 생활 패턴을 바꿀 필요는 없다. 산책과 식사, 함께 노는 시간은 주인의 페이스대로 하고, 주인이 다른 일을 하고 있을 때는 하우스에서 얌전히 지내는 법을 가르친다.

주인이 주도권을 잡기 위한 3가지 약속

개와 함께 산책하거나 식사, 함께 노는 시간은 주인의 페이스대로 해야 한다. 개의 페이스에 맞추는 것이 아니라 주인의 생활 패턴에 개를 맞추도록 하자.

1 개의 요구에 바로 응하지 않는다

산책을 가자고 조르거나 놀아달라고 귀찮게 해도 바로 응해주지 않는다. 일단 응해주면 점점 요구사항이 많아지므로 사람 중심이 되어야 한다. 주인의 생활 패턴을 최우선적으로 생각한다.

2 지시한 후 요구에 응한다

식사나 산책과 같은 요구에 응할 때는 개에게 무언가 한 가지 지시를 내린다. 지시한 일을 해내면 그 상으로 요구에 응한다.

3 시간이나 규칙은 주인이 정한다

놀이 시간을 언제 시작하고 끝내는지는 주인이 결정한다. 산책 중에 개가 앞장서려고 할 때도 불러 세우거나 리드줄을 당겨 주인이 제어한다.

Chapter 01
기본 훈련을 익힌다

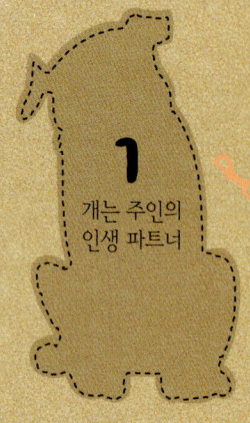

1
개는 주인의
인생 파트너

신뢰할 수 있는 주인이어야 한다

사람과 함께 살기 위해 필요한 규칙이나 매너를 개한테 가르치기 위해서는 서로 믿음이 필요하다. 이 사람과 있으면 안심할 수 있다고 개가 신뢰할 수 있는 주인이 되자.

개를 훈련하기 위해서는 서로의 믿음이 중요하다

개는 무리지어 사는 동물이다. 그리고 서열이 낮은 자는 리더에게 복종하는 습성이 있다. 사람과 함께 생활하는 개에게는 가족이 무리가 된다. 따라서 주인이 개의 리더가 되어야 한다. 단지 힘만 세다고 해서 리더가 되는 것은 아니다. 살아가는 데 꼭 필요한 먹을 것과 안식처를 주고, 위험으로부터 보호하는 것이 리더의 역할이다.

사람도 어릴 때부터 부모가 가르쳐주지 않으면 모르는 것처럼, 개도 사람과 함께 살기 위해서 해도 되는 일과 안 되는 일을 가르쳐주지 않으면 모를 수밖에 없다. 주인은 개한테 부모와 같은 존재다. 그리고 그것을 가르쳐주고 받아들이려면 서로 믿음이 바탕이 되어야 한다.

이 사람과 있으면 안심할 수 있다, 함께 있으면 즐겁다고 느끼게 해주는 것이 신뢰를 쌓는 데 매우 중요하다. 반려견이 신뢰할 수 있는 주인이 되도록 항상 노력하자.

이렇게 하면 개가 신뢰하는 주인이 될 수 있다

식사나 화장실 처리, 안심하고 쉴 수 있는 장소 제공, 산책이나 놀이 등 개에게 해줄 수 있는 일은 매우 다양하다. 개가 자신을 신뢰한다는 사실을 느끼면 반려견과 함께하는 생활이 더욱 즐거워진다.

1 위험으로부터 지켜준다
위험한 장소나 무서운 대상으로부터 자신을 지켜주는 주인. 몸의 이상이나 상처, 질병 등 몸 상태를 신경 써주는 주인.

2 좋은 일이나 즐거운 일이 함께 한다
명령에 따르면 상을 주거나 함께 놀아주는 등, 좋은 일이나 신나는 일을 해주는 주인.

3 일관성 있는 규칙을 제시한다
규칙을 정하고 그것을 일관성 있는 태도로 보여주는 주인. 규칙이 때에 따라 바뀌면 개가 혼란스러워진다.

4 동기부여를 해준다
칭찬하는 타이밍을 잘 생각하고, 개의 성격을 배려해서 자신감과 동기를 부여해주는 주인. 개가 칭찬받고 기분이 좋아지면 훈련도 잘 된다.

> **Chapter 01**
> 기본 훈련을 익힌다

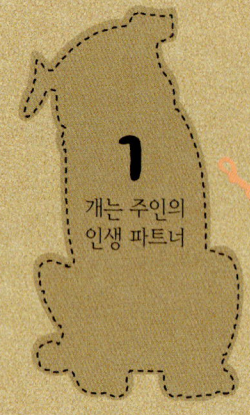

1
개는 주인의 인생 파트너

사람과 함께 살려면 훈련은 꼭 필요하다

사람과 개가 함께하는 생활이 편안하고 쾌적하게 잘 지내려면 훈련은 꼭 필요하다. 주인은 필요한 훈련을 개에게 이해하기 쉽고, 잊어버리지 않게 확실히 가르쳐 주어야 한다.

사람과 함께 생활하기 위해 필요한 훈련을 가르친다

개가 사람과 함께 생활하기 위해서는 규칙이나 매너를 배워야 한다. 훈련하는 것이 힘들고 불쌍하다고 그냥 내버려두면 개는 자기 마음대로 행동하게 되고, 그렇게 되면 주인은 곤란해질 뿐 아니라 개도 사람과 함께하는 생활에 적응하지 못하고 스트레스에 시달리게 된다.

물론 갑자기 사람과 함께 살게 된 개에게 처음부터 규칙이나 매너를 지키라고 하는 게 무리한 요구일 수 있다. 그런 규칙이나 매너를 개에게 알기 쉽게 가르쳐 주는 것이 주인의 역할이다.

실내에서 생활하려면 화장실 사용이나 집 보기, 건강 관리를 위해서는 식사나 몸 관리에 관한 규칙을 가르쳐야 한다. 또, 외출했을 때 필요한 「기다려」나 「이리 와」, 다른 사람이나 다른 개에게 피해를 주지 않는 훈련 등은 사람과 함께 살기 위해 필요한 최소한의 훈련이다.

사람과 개가 서로 안심하고 쾌적하게 생활하기 위해서라도 훈련은 매우 중요하므로, 주인은 필요한 것을 반려견에게 확실하게 가르쳐야 한다.

배워야 할 기본 훈련

화장실 훈련

처음 집에 온 날부터 시작해야 하는 것이 화장실 훈련. 개마다 차이가 있어서 빨리 배우는 개도 있고, 시간이 걸리는 개도 있다. 끈기 있게 가르쳐 주어야 한다.(◉p.88)

낯선 사람이 만져도 싫어하지 않는 훈련

몸 관리는 겉으로 보이는 아름다움을 유지하는 것뿐만 아니라 건강 관리 면에서도 매우 중요하다. 몸을 만지는 것에 익숙해지도록 훈련하면 몸 관리할 때뿐 아니라 동물병원에 갈 때도 도움이 된다.(◉p.66)

집 보기 훈련

집을 볼 때 짖거나 장난을 치면 안심하고 외출할 수 없다. 주인이 외출해도 안전하게 기다릴 수 있도록 집 보기 훈련도 빼놓을 수 없다.(◉p.96)

「앉아」, 「기다려」, 「이리 와」 훈련

개가 흥분하는 것을 가라앉히거나 만일의 사고를 예방하는 의미에서 「앉아」, 「기다려」, 「이리 와」의 지시에 따르게 하는 것은 중요하다.(◉p.118)

다른 개를 상대하는 훈련

다른 개와 억지로 사이좋게 지낼 필요는 없지만 공격적인 행동을 하지 않는 것이 중요하다. 처음에는 짧은 시간이라도 좋으니 조금씩 다른 개에게 익숙해지도록 훈련한다.(◉p.108)

산책 훈련

개에게 산책은 즐거움의 하나. 아무거나 주워 먹지 않고, 남에게 폐를 끼치지 않도록 주의하는 등 산책 중 지켜야할 매너를 훈련시켜 즐겁게 산책하자.(◉p.104)

Chapter 01
기본 훈련을 익힌다

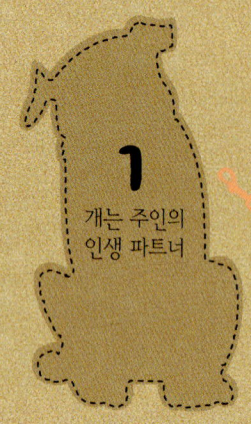

1 개는 주인의 인생 파트너

강아지 때부터 훈련시킨다

어린 강아지를 키우기로 결정했다면 미리 준비해야 할 것도 많지만, 마음의 준비도 필요하다. 그리고 강아지가 오면 바로 훈련을 시작해야 한다. 여러 가지 다양한 상황을 바로바로 흡수하는 시기이므로 신중하게 훈련해야 한다.

강아지를 어떻게 키우느냐에 따라 성격 형성에 큰 영향을 준다

개는 사람에 비해 몇 배나 빠른 속도로 성장한다. 태어나서 1년 사이에 사람의 나이로 치면 열일곱 살 정도가 된다고 한다. 생후 6개월경에는 정신적으로 성숙해지고 성격도 어느 정도 결정된다. 이 시기에 어떻게 자라는지가 성격 형성에 큰 영향을 준다.

생후 3주부터 14주까지는 개의 '사회화기' 라고 한다. 사회화기는 강아지가 여러 가지 상황에 흥미를 갖고 많은 것을 흡수하는 시기이다. 7주까지는 어미나 형제들과 함께 지내고 그 무리 속에서 사회 규칙을 배운다. 그리고 강아지가 새로운 환경으로 나가는 것은 생후 2개월이 지난 다음부터이다. 이 때부터는 주인한테 사람과 함께 살기 위한 규칙을 배워야 한다.

사회화기라 불리는 시기에 주인 이외의 사람이나 다른 개와 만나거나, 여러 체험을 시키지 않으면 나중에 다른 사람이나 개를 두려워하거나 짖는 등의 문제가 생길 수 있다. 그러므로 강아지를 데려오면 일상 생활에 필요한 규칙을 가르치는 것과 동시에 여러 가지 체험을 해보게 한다.

강아지를 데려와 기를 때의 포인트

1. 하우스나 화장실을 준비한다

실내에서 기르기 위해서는 강아지가 안심하고 쉴 집이 필요하다. 화장실 훈련은 강아지가 처음 온 날부터 시작해야 하므로 화장실을 미리 준비해 둔다.

2. 식사 내용과 양, 시간을 확인한다

페트숍이나 동물병원, 브리더에게서 강아지를 데려올 때는 강아지가 그때까지 먹었던 식사의 내용과 양, 시간 등을 물어본 뒤 되도록 같은 것을 준비하여 준다.

3. 강아지를 너무 오래 상대하지 않는다

강아지가 새로운 환경에 적응하기까지는 너무 많이 상대해주지 말고 하우스에서 쉬게 한다. 귀여워서 놀아주고 싶더라도 새로운 환경에 적응할 때까지 가만히 놔둔다.

4. 밤에 울어도 무시한다

처음 며칠 동안은 강아지가 불안감을 이기지 못해 울 수 있다. 그 때 강아지 옆에 가면 역효과가 난다. 울면 옆에 와줄 거라고 생각하게 되므로 무시한다.

Chapter 01
기본 훈련을 익힌다

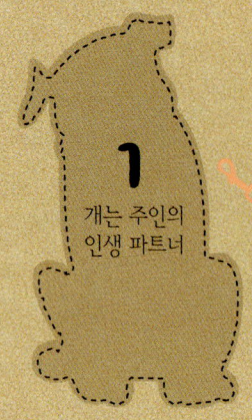

1 개는 주인의 인생 파트너

다양한 상황에 적응시킨다

강아지 때 다양한 상황을 경험하면 성견이 되었을 때 싫어하거나 두려워하는 대상이나 상황이 줄어든다. 개의 상태를 보면서 무리하지 않게 여러 가지 체험을 시켜보자.

집에서 나는 소리, 물건, 바깥 환경 등에 조금씩 적응시킨다

강아지가 새로운 환경에 익숙해지면 조금씩 집에서 나는 소리나 물건에도 익숙해지게 하자. 이것은 앞으로 소리에 과민 반응을 일으키지 않게 하기 위해서이다. 텔레비전이나 전화, 인터폰, 청소기 등 집에는 여러 가지 소리가 넘쳐난다.

그리고 집 안뿐 아니라 바깥 환경에도 적응시키자. 단, 땅을 밟고 산책하는 것은 전염병 예방 접종이 끝난 후여야 한다. 그 때까지는 주인이 안고 데리고 나가자. 자동차, 오토바이, 자전거, 사람이 많이 다니는 곳 등 여러 곳에 데려가 보자. 또한, 적극적으로 가족 이외의 사람과 만나게 하거나 다른 개의 모습을 보여주는 것도 앞으로 사람이나 개를 싫어하지 않게 만드는 좋은 방법이다.

강아지 때 무서운 기억이나 싫은 경험을 하게 되면 이로 인해 기피증이 생길 수 있다. 무리하지 않으면서 반려견이 기쁘고 행복하게 많은 상황에 적응하도록 훈련한다.

강아지가 적응해야 할 여러 가지 경험

1 집에서 나는 소리나 물건에 길들인다

인터폰, 텔레비전, 청소기, 전화기 등의 소리를 들려주어 조금씩 익숙해지게 하자. 또한 몸 관리할 때 필요한 샤워기나 드라이어도 처음부터 바로 사용하지 말고 작동하지 않는 상태에서 물건만 가까이 대주다가 익숙해지면 조금씩 사용하면서 단계적으로 시간을 늘려간다.

2 밖에 데리고 나간다

예방접종을 마칠 때까지는 주인이 안고 밖에 나간다. 차나 오토바이가 지나다니는 곳이나 새와 고양이 같은 다른 동물도 보여주고, 사람이 많은 곳에 가보는 등 밖에서 할 수 있는 다양한 경험을 시킨다.

3 가족 이외의 사람에게 적응시킨다

집에 손님이 오거나 밖에서 사람을 만나면 강아지가 좋아하는 것을 주도록 부탁한다. 사람을 만나면 좋은 일이 생긴다는 생각을 갖게 하여, 사람한테 적응시키는 것이 중요하다. 남성과 여성, 다양한 연령의 사람에게 익숙해지도록 훈련한다.

4 다른 개에게 적응시킨다

예방접종이 끝나면 다른 개와도 만나게 한다. 강아지 시기에 다른 개와 많이 만나지 않으면 앞으로 개를 싫어하게 될 가능성이 크다. 또 상대 개가 갑자기 짖으면 다른 개를 두려워하게 되므로, 처음에는 가능한 또래의 개를 만나게 하고, 익숙해지면 온순한 성격의 성견과 만나게 하는 등 조금씩 상황을 보면서 여러 개와 만나도록 훈련한다.

Chapter 01
기본 훈련을 익힌다

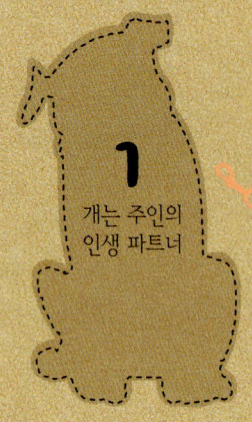

1 개는 주인의 인생 파트너

훈련은 즐거워야 한다

개를 훈련시킬 때 중요한 것은 이해하기 쉽고, 무엇보다 주인과 함께 하는 것이 즐거워야 한다. 조금씩 단계를 밟아가면서 즐겁게 훈련하자.

 훈련은 즐거운 일이라고 개가 생각하도록 만든다

사람과 함께 생활하려면 화장실이나 하우스에 익숙해져야 하는 것은 물론 「앉아」나 「기다려」와 같은 훈련도 필수이다.

개는 사람의 말을 알아듣지 못할 뿐 아니라 갑자기 어려운 것을 가르치거나 처음부터 너무 심하게 훈련시키면 자칫 훈련을 싫어하게 될 수도 있다.

개가 쉽게 이해할 수 있도록 이끌어 주고 주인과 함께 훈련하는 것이 즐겁다고 생각하게 만드는 것이 중요하다.

또한 개가 싫증낼 때까지 훈련을 계속해서는 안 된다. 개가 집중할 수 있는 시간은 길어야 15분 정도이고, 강아지는 2~3분이다. 짧은 시간에 훈련을 끝내고, 하루에 몇 번씩 나누어서 하는 것이 좋다.

개가 잘 못한다고 주인이 조급하게 굴어서도 안 된다. 빨리 배우는 개도 있지만 시간이 오래 걸리는 개도 있다.

개의 상태를 살피면서 무리하지 않고 조금씩 단계를 높여 나가자. 그리고 잘했을 때는 애정을 담아 진심으로 칭찬하는 것도 잊지 말자.

즐겁게 훈련하는 비결

- 1가지를 집중적으로 가르친다
- 잘 해내면 반드시 진심으로 칭찬해준다
- 1번의 훈련은 짧게 끝낸다
- 마지막은 성공으로 끝낸다

자세한 것은 p.117 〈훈련을 잘 시키는 노하우〉를 참고한다.

훈련할 때는 갑자기 어려운 것을 시키거나, 개가 싫증낼 때까지 계속하지 않는다. 개가 훈련을 즐거워 할 수 있도록 노력하자.

Chapter 01
기본 훈련을 익힌다

칭찬하면서 기른다

2

사람이나 개나 모두 칭찬받으면 좋아하고, 의욕이 생기며,
이것은 자신감으로 이어진다.
반려견이 주인이 바라는 행동이나 좋은 행동을 하면
진심이 전달되도록 칭찬해주자.

개가 좋은 행동을 하면 진심으로 칭찬하면서 즐겁게 훈련한다

사람은 칭찬을 받으면 의욕이 생기고, 자신감도 높아지기 마련이다. 그것은 개도 마찬가지이다. 좋아하는 주인에게 칭찬을 받으면 더 잘해야겠다는 마음을 갖게 되어 자신감으로 이어진다.

개가 한 행동이 주인이 원하던 행동이었다면 애정을 담아 진심으로 칭찬해주자. 칭찬을 받거나 보상을 받는다는 사실을 기억하게 되면 개는 자연스럽게 그 행동을 반복한다. 또한, 칭찬하는 타이밍도 중요하다. 타이밍을 놓치면 개는 어떤 행동이 칭찬을 받게 되는 행동인지 알 수 없다.

칭찬할 때는 주인도 함께 기뻐하기 때문에 둘 사이에 신뢰가 생긴다. 또한 강아지나 성견 구별 없이 누구에게나 쉽게 할 수 있는 게 칭찬이다. 주인은 개가 이해하기 쉽게 올바른 행동으로 이끌어주고, 올바른 행동을 하면 진심으로 칭찬한다. 이것이 훈련을 잘하는 비결이다. 좋은 행동을 하면 칭찬하면서 즐겁게 훈련하자.

Chapter 01
기본 훈련을 익힌다

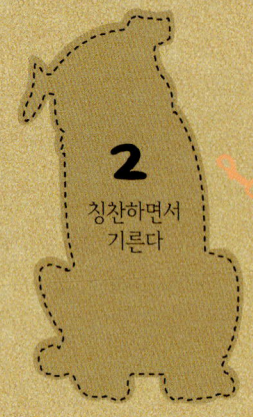

2 칭찬하면서 기른다

야단칠 상황을 만들지 않는다

훈련할 때나 개가 장난을 칠 때에 바로 개를 야단치면 사람에 대한 불신감이 생길 수도 있다. 처음부터 야단칠 상황을 만들지 않는 것이 중요하다.

💡 개가 장난치지 않도록 주변을 정리해 놓아야 한다

개가 장난을 치거나 주인이 원하지 않는 행동을 했을 때 자꾸 야단치는 것만으로는 효과가 없다. 더군다나 야단칠 때 때리는 체벌은 금물이다. 사람의 손을 두려워하거나 사람을 믿지 못하는 개가 되어 버린다. 체벌은 절대로 하지 않도록 주의하자.

장난치면 안 되는 물건은 개가 건드리지 못하는 곳에 치워 둔다. 가구에는 개가 싫어하는 냄새를 묻혀서 상처가 나지 않게 보호한다. 근처에 사람이 없을 때는 하우스에 넣어 개가 마음대로 돌아다니지 못하게 하는 등 주변 환경을 미리 정리해야 한다.

만약 개가 장난치는 것을 보게 된다면 결코 감정적으로 야단쳐서는 안 된다. 「안 돼」하고 짧은 말로 냉정하게 말한다. 그리고 야단으로 끝나지 않고 무엇을 하면 되는지 올바른 행동을 가르친다. 예를 들어, 가구를 물어뜯는 것을 보았다면 개들이 좋아하는 장난감이나 개껌을 주어 그것을 물면 칭찬한다.

처음부터 주변을 정리하여 장난칠 거리가 없는 환경으로 만들어 야단칠 상황을 만들지 않는 것이 무엇보다 중요하다.

결코 감정적으로
개를 야단치지 말 것.
때리면 사람의 손을
두려워하게 되어 손을 내밀었을 때
도망가거나, 두려운 나머지
사람 손을 물게 된다.

야단칠 상황을 만들지 않으려면

- 장난칠 물건을 미리 치운다.
- 가구에는 개가 싫어하는 냄새를 묻히거나 커버를 씌운다.
- 물고 노는 장난감을 주어서 집 안 물건을 물어뜯지 않게 한다.
- 근처에 주인이 없을 때는 하우스에 넣어 마음대로 돌아다니지 못하게 한다.

Chapter 01
기본 훈련을 익힌다

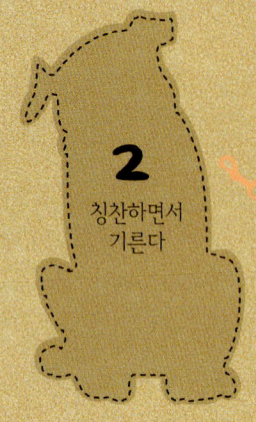

2 칭찬하면서 기른다

성격에 맞춰서 칭찬하는 방법

칭찬할 때도 개가 좋아하는 방법으로 칭찬해야 더 큰 효과를 볼 수 있다. 이를테면 「잘했어」하고 칭찬할 때도 목소리 톤이나 쓰다듬는 방법 등 개의 성격에 맞춰서 가장 좋아하는 방법으로 칭찬하면서 훈련하자.

개가 좋아할 만한 상을 주면서 칭찬한다

　개가 주인이 원하는 행동을 할 때 바로 칭찬해준다. 개를 훈련시키는 데 큰 도움이 된다. 따라서 주인에게 칭찬받는 것이 개에게 무엇보다 큰 상이 되어야 한다. 너무나 좋아하는 주인에게 칭찬받음으로써 자신의 행동이 주인을 기쁘게 하는 올바른 행동이라는 것을 개에게 인식시켜야 한다.

　개를 기쁘게 하는 칭찬 방법에는 여러 가지가 있다.「잘했어」라고 말해주는 것 말고도 몸을 쓰다듬거나 간식을 주는 것, 공놀이나 산책 등 개들이 좋아하는 것을 상으로 해준다.

　칭찬하거나 몸을 쓰다듬을 때도 개의 성격에 맞추어 해주면 어떨까. 예를 들어, 겁이 많은 개에게 큰 소리로 「잘했어」라고 한다면 기뻐하기보다는 오히려 깜짝 놀랄 것이다. 반대로 성격이 밝고 명랑한 개에게 조용조용하게 「참 잘했어」라고 해봤자 별 감동을 못 줄 수도 있다. 이처럼 개의 성격을 생각하면서 자신의 개가 가장 기뻐할 만한 방법을 찾아 칭찬해준다.

개가 기뻐하는 「칭찬」의 여러 방법

1 말로 칭찬한다
「잘했어」나 「좋아」 등처럼 말로 칭찬한다. 처음에는 칭찬과 함께 사료나 간식을 상으로 준다.

2 몸을 쓰다듬는다
개마다 좋아하는 부위가 다르므로 자신의 개가 좋아하는 몸의 부위를 찾아 부드럽게 쓰다듬는다.

3 간식이나 사료를 준다
개가 좋아하는 육포 등의 간식이나 사료를 상으로 준다. 음식으로 상을 주는 것은 효과적이지만 서서히 횟수를 줄여서 칭찬만으로 개가 기꺼이 지시에 따르도록 유도해 나간다.

1번에 주는 양은 적은 양으로 OK!

상으로 주는 간식의 양은 1번에 사료 1알 정도, 육포는 최대한 작게 잘라서 냄새만 날 정도의 크기로 준다.

육포는 작게 잘라 놓는다.

1번에 주는 양은 아주 적게 준다.

---

4 개가 좋아하는 일을 한다
개가 좋아하는 장난감을 주거나 함께 놀아주기, 산책 함께 가기 등 개가 좋아하는 일을 해주는 것도 좋은 상이 된다.

제멋대로 행동하는 성격

개의 기분에 맞추어 칭찬한다

성격이 제멋대로인 개는 기분에 따라 힘이 펄펄 넘칠 때도 있지만 기운이 없을 때도 있다. 칭찬할 때는 이런 개의 상태를 잘 살펴서 목소리 톤이나 쓰다듬는 방법을 바꾸어야 한다.

POINT

반응하는 방식도 개마다 각양각색

칭찬을 받으면 좋아하는 개도 있지만, 별로 기쁜 내색을 하지 않는 개도 있다. 개가 무엇을 좋아하는지 알아내는 것도 중요하지만 개가 별 반응이 없더라도 칭찬을 잊어서는 안 된다. 이런 개는 느긋한 마음으로 상대해야 한다.

고집이 센 성격

상하관계를 가르치기 위해 위에서부터 쓰다듬는다

고집이 센 개는 주인이 평소에 확실한 리더가 되어주면 문제가 없다. 그러나 사람의 서열이 개보다 위라는 것을 가르쳐야 하므로 쓰다듬을 때도 개를 감싸듯이 위에서부터 얼굴 주변을 만져준다.

POINT

사람의 발에 개의 앞발을 걸친 상태에서는 칭찬하지 않는다

고집이 센 개는 상하관계를 확실히 인식시킬 필요가 있다. 주인의 몸에 개가 앞발을 걸친 상태에서 칭찬하는 것은 금물. 개가 자신이 우위에 있다고 착각할뿐더러 덤벼드는 원인이 되기도 한다.

56

 밝고 명랑한 성격

개의 기분에 맞추어 아낌없이 칭찬한다

개가 밝고 명랑하면 주인의 목소리도 톤을 높여서 아낌없이 「잘했어」하고 칭찬해주자. 이런 성격의 개는 어디를 만져도 괜찮은 경우가 많은데 이왕이면 개가 좋아하는 부위를 쓰다듬어준다.

개가 사람의 손을 볼 수 있는 위치에서 쓰다듬는다

갑자기 자신의 머리 위로 사람의 손이 불쑥 나오면 어떤 개라도 깜짝 놀라기 마련이다. 귀 아래나 턱 아래 등 처음에는 개가 주인의 손을 볼 수 있는 곳부터 쓰다듬는다.

 겁이 많은 성격

차분한 목소리로 칭찬하고 아래에서 위로 쓰다듬는다

겁이 많은 개는 큰소리로 「잘했어」하고 칭찬하면 무서워하는 경우가 있다. 차분하고 상냥한 목소리로 칭찬하고, 쓰다듬을 때에는 아래로 손을 내밀어 턱 아래나 가슴 등 개가 좋아하는 부위를 쓰다듬는다.

개가 다가오는 것을 기다렸다가 칭찬하자

겁이 많은 개들은 머리 위에서 갑자기 손이 나오면 놀라는 경우가 많다. 쓰다듬을 때에도 주인이 다가가면 도망가는 경우도 있으므로 개의 이름을 불러서 개가 다가오는 것을 기다렸다가 쓰다듬는다.

COLUMN 002

개의 잠자리인 하우스는 왜 필요할까?

하우스는 개의 잠자리이자 쉬는 공간이다. 이동용 캐리어, 케이지, 서클 등 여러 가지 종류를 하우스로 사용할 수 있다.

「그런 답답한 곳에 개를 집어넣으면 너무 불쌍해. 방에서 자유롭게 풀어주고 원하는 곳에서 자게 하면 될 텐데」라고 생각하는 주인도 있을 것이다. 그러나 개는 원래 구멍을 파서 잠자리를 만들었던 동물이다. 그렇기 때문에 구멍 같은 어둡고 좁은 곳에 있으면 안정되는 습성이 있다.

집 안에서 개를 자유롭게 풀어주면 개는 실내 전체를 자신의 영역이라고 인식한다. 때문에 손님이나 배달원이 왔을 때 자신의 영역을 지키기 위해 짖는 행동이 나타난다. 주인은 풀어놓고 키우는 것이 스트레스를 받지 않는다고 생각할지 모르지만 개는 언제, 누가 자신의 영역을 침입할지 몰라 늘 긴장하고 지내므로 오히려 스트레스를 받는다. 그렇기 때문에 하우스라는 개 전용 공간을 만들 필요가 있다. 하우스를 아무도 침입하지 않고, 안심하고 쉴 수 있는 장소라고 인식하게 되면 개는 스트레스를 받지 않게 된다.

한편, 자신의 침대나 이불에서 반려견과 함께 자고 싶어하는 주인도 있을 것이다. 훈련이 제대로 되어 있고, 주인을 리더라고 인식하면 문제는 없다. 그러나 그렇지 않은 상태에서는 상하관계가 역전되어 버릴 수도 있다. 따라서 옆자리에 재우기보다는 침실에 하우스를 두고 그곳에서 재우는 것이 가장 좋은 방법이다.

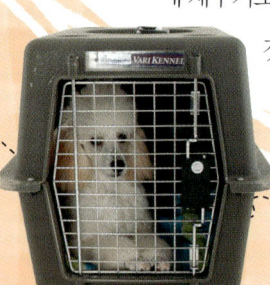

Chapter 02
즐거운 생활을 위한
훈련 매뉴얼

신뢰를 쌓는
노하우 Know How

주인과 반려견의 신뢰하는 관계가 훈련에 있어서 무엇보다 중요하다. 여러 가지 커뮤니케이션을 통해 서로에 대한 믿음을 쌓아가자.

훈련보다 먼저 신뢰 관계를 만든다

훈련을 잘하기 위해서 가장 중요한 것은 서로 간의 믿음이다. 신뢰를 느껴야만 개도 주인의 지시를 듣는다.

사람도 호감을 갖고 있지 않은 상대가 지시하면 그다지 하고 싶은 마음이 생기지 않는다. 반면에 상대에게 호감이 있으면 그 사람의 말에 귀를 기울이고 따름으로써 상대가 기뻐해주기를 바라게 된다.

주인과 반려견의 신뢰 관계는 하루아침에 생기지 않는다. 매일 식사와 산책을 도와주고, 함께 즐겁게 놀거나, 애정을 듬뿍 담은 스킨십을 하는 등 여러 가지 일을 통해서 신뢰가 조금씩 쌓여간다.

훈련을 시작하기 전에 먼저 개와 커뮤니케이션을 제대로 하여 신뢰 관계부터 만들어 나가자. 「이 사람의 모든 것이 좋아!」라고 내 개로부터 인정 받는 주인이 되는 것이, 앞으로 훈련을 잘 해나가기 위해서 무엇보다 중요하다.

신뢰 관계를 만들기 위한 중요 point

함께 놀기

나이가 들어도 개는 노는 것을 무척 좋아한다. 주인이 함께 놀아주는 것은 무엇보다 좋은 커뮤니케이션의 수단이다. 개가 좋아하는 놀이를 찾아 함께 놀아주자.

애정 듬뿍 스킨십

부드럽게 말을 걸면서 몸을 쓰다듬자. 애정이 듬뿍 담긴 스킨십을 통해서도 신뢰 관계가 싹튼다. 강아지 때부터 몸의 어디를 만져도 싫어하지 않게 길들이면 개의 복종심도 기를 수 있다.

시선 맞추기

훈련할 때는 우선 주인의 목소리에 집중시켜야 한다. 주인이 이름을 부르면 개가 주인에게 집중하는 시선 맞추기를 연습하자. 이름을 불렀을 때 쳐다보면 칭찬을 해주거나 상을 주어 좋은 일이 있다는 사실을 인식시키자.

Chapter 02
즐거운 생활을 위한
훈련 매뉴얼

1 신뢰를 쌓는 노하우

함께하는 놀이로
신뢰가 깊어진다

놀이는 즐겁기도 하지만 개가 다양한 것을 배울 수 있는 기회이기도 하다. 주인과 함께하는 놀이로 서로의 신뢰 관계도 깊어진다.

함께 놀 때는 주인도 진심을 다해 열심히 상대해 줘야 한다

어린 강아지 때뿐만이 아니라 성견이 되어서도 개는 노는 것을 좋아하고, 놀이 속에서 여러 가지를 배워나간다. 다른 개와 함께 놀면서 어울리는 방법을 배우고, 주인과 놀면서 신뢰 관계를 더욱 튼튼히 만드는 동시에 사람과의 교제 방법도 자연스럽게 배워나간다.

놀이는 운동 부족을 해소하고, 개가 원래 지니고 있는 놀이에 대한 욕구를 충족시키기 때문에 여러모로 유익하다. 개가 스트레스에 시달리는 가장 큰 원인은 놀거나, 물건을 씹거나, 달리는 등 개가 원래 갖고 있는 욕구가 충족되지 못했기 때문이다. 그러므로 놀이 안에 욕구를 충족시킬 수 있는 요소를 골고루 넣는 것이 좋다.

장난감만 던져주어 혼자 놀게 하는 것이 아니라 주인이 함께 열심히 놀아주는 것도 중요하다. 오래 놀면 오히려 개가 싫증낼 수도 있기 때문에 시간이 짧아도 괜찮다. 그러나 놀이를 할 때는 주인이 먼저 주도권을 잡아 시작과 끝을 내야 주인에 대한 복종심이 생기고, 놀이로 많은 것을 배울 수 있다.

좋아하는 놀이

흥미를 보이는 장난감은 개에 따라 다르므로, 좋아하는 장난감을 골라 주자.

장난감으로 논다

천이나 고무로 만들어진 장난감이나 누르면 소리가 나는 것, 좋아하는 냄새가 나는 것 등 장난감도 여러 가지이다. 개가 좋아하는 장난감을 찾아 주자. 또한 유치가 나기 시작하면서부터 영구치가 다 날 때까지는 입안이 근질근질한 법. 그럴 때도 씹을 수 있는 장난감을 준비하면 개의 욕구를 충족시킬 수 있다.

이런 장난감을 고른다

- 삼키지 않도록 개의 크기에 맞는 장난감. 작은 개라도 너무 작은 것은 피한다.
- 씹어먹지 않도록 튼튼하고 안전한 장난감.

공으로 논다

공을 던져주면 쫓아다니거나 잡으면서 마음껏 몸을 움직일 수 있는 공놀이를 좋아하는 개들이 많다. 공은 개가 물기 쉽게 천이나 고무재질이 좋다.

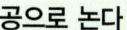

다른 개와 논다

다른 개와 놀면서 어울리는 방법을 배울 수 있다. 단, 지나치게 흥분하면 다칠 수도 있으므로, 흥분할 것 같으면 일단 주인 곁으로 불러들여 흥분을 가라앉힌다.

주인과 논다

좋아하는 주인과 노는 것을 개는 가장 즐거워한다. 주인과 함께 달리기를 하거나 당기기 놀이를 하는 등 여러 놀이를 할 수 있다. 놀 때는 주인도 열심히 상대하면서 논다.

●『당기기 놀이』를 해보자

「당기기 놀이」는 개가 좋아하는 놀이 중 하나이다. 장난감 로프 등으로 함께 놀아보자. 단, 개가 놀이에 너무 빠지면 흥분해서 사람 손을 물 수 있으므로, 상태를 지켜보면서 흥분하기 전에 그만둔다.

1 로프를 물게 한다
로프를 개 앞에서 흔들어서 흥미를 끈 다음 물게 한다.

2 당기기 놀이를 한다
주인이 로프를 당기면 개도 자기 쪽으로 당긴다. 놀 때는 주인도 진심으로 열심히 놀아주는데, 개가 흥분할 때까지 계속해서는 안 된다.

NG 로프를 개에게 주지 않는다

로프를 개에게 주면 개는 자신이 주인보다 힘이 세다고 착각하기 쉽다. 놀이 속에서도 확실히 상하관계를 인식시켜야 하므로 절대로 개에게 로프를 주지 않는다. 또한, 개가 싫증날 때까지 계속하는 것도 놀이의 끝을 개가 결정하는 결과가 되므로 주의해야 한다. 개가 싫증내기 전에 놀이를 끝낸다.

성격별 POINT

놀이도 성격에 맞춰서 하자!

건강하고 활동적인 개
➡ 몸을 많이 움직이는 놀이

에너지가 넘치면 계속 짖거나 뭔가를 물어뜯는 등 남은 힘을 발산시키려고 하기 때문에 문제가 생기기 쉽다. 건강하고 활동적인 개한테는 주인도 함께 뛰면서 놀아주는 등 마음껏 몸을 움직이는 놀이를 해준다.

겁이 많고 얌전한 개
➡ 조용한 놀이

겁이 많고 얌전한 개는 마음껏 몸을 움직이게 해주려고 해도 좀처럼 따라오지 않는 경우가 있다. 이럴 때는 좋아하는 인형을 가볍게 움직여주는 등 개의 상태를 보면서 놀아준다.

공을 싫어하는 개

➡ 수건을 이용한 놀이

던지면 튀어 오르는 공을 싫어하는 개에게는 공 대신 수건을 사용한다. 수건을 묶고 그 안에 작게 자른 먹이를 넣는다. 개에게 냄새를 맡게 해서 흥미를 갖게한 다음 그것을 공처럼 던져서 쫓아가게 한다.

수건을 묶고 안에 먹이를 넣어 둔다.

개한테 냄새를 맡게 해서 흥미를 유도한다.

Chapter 02
즐거운 생활을 위한
훈련 매뉴얼

1
신뢰를 쌓는
노하우

몸을 만져도 가만있도록 훈련한다

애정이 가득한 스킨십은 신뢰 관계를 쌓는 데 중요하다. 몸 구석구석까지 만지는 것에 반려견이 익숙해지면 몸 관리를 받거나 병원에서 진찰 받을 때도 문제없다.

 강아지 때부터 온몸을 만지는 데 길들인다

주인의 자상하고 사랑이 듬뿍 담긴 손길을 받는 것은 개에게 기분 좋은 일이다. 평소에 주인과 스킨십을 자주 하여 신뢰 관계를 쌓는 것이 중요하다.

쓰다듬었을 때 기분이 좋아지는 부위는 개마다 다르므로 쓰다듬을 때 눈을 감고 기분 좋은 표정을 짓는지 개의 표정이나 행동을 보고 좋아하는 부위를 찾는다.

입 주변이나 발끝, 꼬리 등 민감한 부위는 만지는 것을 싫어하는 개가 많다. 그러나 싫어한다고 해서 그대로 놔두면 몸 관리할 때나 동물병원에서 진찰할 때 난폭해질 수 있다.

그러므로 강아지 때부터 온몸을 자주 만져서 어디를 만져도 동요하지 않고 편안해지도록 훈련해야 한다. 이를 통해 주인에 대한 복종심도 자연스럽게 기를 수 있다.

하지만 주인이 만지면 얌전해도 다른 사람은 경계하는 개도 있다. 조금씩 주인 아닌 사람이 몸을 만지는 것에도 익숙해지도록 한다.

만지면 좋아하는 부위 · 싫어하는 부위

만졌을 때 기분이 좋아지는 부위는 개마다 다르다. 평소 스킨십을 자주 하여 좋아하는 부위를 찾아보자. 만지면 싫어하는 부위는 민감한 부위다. 그곳을 만지도록 허락한다는 것은 상대에게 복종한다는 의미이므로 강아지 때부터 만지는 것에 익숙해져서 가만있도록 훈련한다.

○ 귀밑
○ 뒷머리에서 등까지
✗ 입 주변
✗ 꼬리
✗ 허벅지
(아랫배와 허벅지 밑에 움푹 들어간 부위. 서혜부)
○ 턱 밑에서 가슴까지
✗ 발끝
○ 겨드랑이

사람의 손길에 익숙해지면 이럴 때 도움이 된다

- 발톱 깎기나 샴푸, 브러싱 등 그루밍을 싫어하지 않는다.
- 이상이 없는지 온몸을 만져볼 수 있어 병을 조기 발견할 수 있다.
- 동물병원에서 진찰을 수월하게 할 수 있다.
- 사람을 경계하거나 공격적으로 행동하지 않는다.

발끝을 만지는 것에 익숙해지면 발톱을 깎을 때도 개가 난폭해지지 않는다.

Chapter 02
즐거운 생활을 위한
훈련 매뉴얼

바르게 안는 방법을 마스터한다

1
신뢰를 쌓는 노하우

강아지나 소형견은 안을 기회가 많다. 개가 버둥대다 떨어지지 않고 얌전하게 주인에게 몸을 맡길 수 있도록 바르게 안는 방법을 알아두자.

양손으로 꼭 안아 개를 안정시킨다

강아지 시기에는 안을 일이 많다. 또 성견이 되어서도 계단을 오르거나, 아파트처럼 공동주택에서 다른 사람들에게 폐를 끼치지 않기 위해서 안아야 하는 경우가 생긴다.

안는 방법이 불안정하면 개가 겁을 먹고 버둥대다 떨어질 위험이 있다. 바르게 안는 방법을 익혀 개가 안정할 수 있도록 양손으로 꼭 안는다.

● 바르게 안는 방법

1 양손으로 들어 올린다
안을 때는 반드시 양손을 개의 겨드랑이에 넣어 들어올린다.

2 엉덩이 아래를 한 손으로 받친다
안아 올려서 한 손은 개의 겨드랑이에, 다른 한 손은 개의 엉덩이를 감싸듯이 꼭 안는다.

혹시 개를 이렇게 안지는 않나요?

앞다리만 잡고 안아 올린다
앞다리만 잡고 안아 올리면 관절을 다치는 등 개의 몸에 부담을 줄 위험이 있다. 반드시 겨드랑이에 손을 넣어 안아 올리자.

목덜미를 잡고 안아 올린다
목덜미를 잡고 안아 올리는 것도 안 된다. 불안정한 상태라서 개가 겁을 먹는다. 떨어뜨릴 가능성이 높기 때문에 위험하다.

한 손으로 안는다
한 손으로만 개를 안으면 개의 자세가 불안정해서 떨어뜨릴 가능성이 높아진다. 반드시 양손으로 안도록 하자.

어깨에 개의 앞발을 얹는다
개는 높은 곳을 무서워한다. 따라서 어깨에 개의 앞발을 얹는 등 높은 위치에 개를 걸쳐서는 안 된다. 안았을 때 개가 안심하고 몸을 맡길 수 있어야 한다.

Chapter 02
즐거운 생활을 위한
훈련 매뉴얼

홀드 스틸 _hold still

1 신뢰를 쌓는 노하우

홀드 스틸은 개한테 복종심을 길러줄 뿐 아니라 안정감을 주는 효과도 있다. 어린 강아지 때부터 시작하는 것이 중요하며, 본격적인 다른 훈련을 시작하기 전에 마스터하는 것이 좋다.

● 홀드 스틸 훈련

1 다리 사이에 앉힌다
개를 주인의 다리 사이에 두고 엉덩이를 가볍게 눌러서 그 자리에 앉힌다.

2 앞으로 숙인다
앞다리의 무릎 부위를 잡고 주인이 개의 몸을 감싸듯이 조금씩 앞으로 숙인다.

부드럽게 말을 걸면서 개의 몸을 감싼다

주인이 개의 등 쪽에서 몸을 감싸는 것을 '홀드 스틸'이라고 한다. 터칭의 앞 단계로 강아지 때부터 가르치면 복종심을 기를 수 있다.

홀드 스틸을 하면서 부드럽게 말을 걸면 개가 주인의 목소리나 냄새를 기억하게 된다. 안심하고 몸을 맡길 수 있는 사람이라고 인식하게 되면 흥분하거나 불안한 상태의 개를 안정시킬 때 효과적인 방법이 되기도 한다.

3 안정이 되면 칭찬해준다

결과적으로 주인이 위에서 개를 감싸 안은 상태가 된다. 도중에 개가 버둥거려도 놓아주면 안 된다. 개가 안심하고 몸을 맡길 때까지 계속한다. 안정감을 찾으면 「잘했어」하고 칭찬해준다.

POINT 부드럽게 말을 걸면서 몸을 밀착한 상태로 숙인다

몸을 앞으로 숙일 때는 「잘하네」하고 부드럽게 말을 건넨다. 단, 너무 야단스럽게 칭찬하면 개가 겁을 먹으므로 역효과를 낸다. 주인의 몸은 반드시 개와 밀착시켜야 한다.

개의 발끝만 잡고 앞으로 넘어뜨리지 않는다

개의 몸을 앞으로 숙일 때 발끝만 잡고 무리하게 누르지 않아야 한다. 또한 개가 버둥거린다고 도중에 놓아줘서도 안 된다. 익숙해질 때까지는 개가 안정하는데 시간이 걸리지만 점점 시간이 짧아지므로 끈기 있게 계속해야 한다.

터칭 ①

1 신뢰를 쌓는 노하우

발끝이나 입, 코 등 얼굴 주위는 개가 만지면 싫어하는 부위이다. 터칭으로 몸의 어느 부위를 만져도 싫어하지 않게 훈련한다.

터칭 훈련

1. 앞다리를 한발씩 만진다

홀드 스틸을 하여 개가 안정된 상태에서 우선 한쪽 앞다리를 만진다. 허벅지 윗부분부터 조금씩 발끝으로 옮겨가면서 만지고, 발톱도 부드럽게 만져본다.

2. 반대쪽 다리도 만진다

반대쪽 앞다리도 허벅지 위부터 발톱 끝까지 만진다.

사람이 온몸을 만지는 것에 익숙해지도록 만든다

홀드 스틸 상태에서 개의 발끝이나 입, 코, 귀 그리고 배 등 온몸을 만지는 것을 '터칭'이라고 한다.

어디를 만져도 싫어하지 않게 되면 동물병원에서 진료 받을 때에도 도움이 된다. 또한, 터칭을 하면서 개의 몸을 살피거나 어느 부위를 만져주면 좋아하는지도 알 수 있다. 반려견과 교감할 수 있는 커뮤니케이션으로 이용해보자.

 **개가 버둥대도 놔주지 않는다**

사람이 만지는 손길에 익숙해질 때까지는 개가 버둥댈 수도 있다. 그렇더라도 도중에 놓아주면 안 된다. 버둥댈 경우에는 홀드 스틸로 개를 안정시킨 다음 조금씩 만져 나간다.

③ 얼굴 주위나 귀를 살핀다

얼굴 주변이나 눈도 부드럽게 만지면서, 눈에 이물질이 들어가지 않았는지, 귓속에 이상이 없는지 살펴본다. 만져도 얌전히 있게 되면 몸 관리를 할 때도 편하다.

● 터칭 훈련

④ 개를 눕힌다
주인은 다시 개 위에서 감싸듯이 개의 양쪽 겨드랑이를 잡은 채 몸을 일으켜 개의 등을 미끄러뜨리듯이 눕힌다.

눕힐 때 주인과 개의 몸이 떨어지지 않게 한다!
몸을 일으킬 때 반드시 주인과 개의 몸을 밀착시켜서 움직여야 한다. 몸이 떨어지면 개가 버둥대기 쉬우므로 주의하자.

POINT

⑤ 배와 뒷다리도 살핀다
개가 누워서 배를 보이는 것은 복종의 의미이다. 그러므로 개를 눕혀서 온몸을 부드럽게 만지면서 배와 뒷다리, 발바닥 등에 이상이 없는지 확인한다. 이를 통해 개의 복종심을 기를 수 있다.

중형견이나 대형견 일 때

안아서 눕히기 힘든 중형·대형견일 때는 주인이 개와 함께 넘어지듯이 눕힌다.

1 개의 겨드랑이 아래에 손을 넣는다

홀드 스틸 자세는 소형견일 때와 같다. 이 상태로 개의 겨드랑이 아래에 손을 넣는다.

2 안은 채로 몸을 옆으로 눕힌다

개를 안은 채로 주인이 한쪽 다리를 뻗어 몸을 옆으로 눕힌다.

3 개와 밀착한 상태로 눕힌다

그대로 개와 함께 누운 상태가 되도록 몸을 뒤집는다. 이 때 몸은 항상 개와 밀착시킨 상태여야 한다.

4 양다리로 가볍게 누르고 살펴본다

주인의 다리 사이에 개를 놓고 상반신을 일으킨다. 개의 몸을 만지면서 이상이 없는지 살펴본다.

Chapter 02
즐거운 생활을 위한
훈련 매뉴얼

터칭 ②

1 신뢰를 쌓는 노하우

입 주위는 개가 특히 만지는 것을 싫어하는 부위이다. 이 부위를 만질 때 처음에는 잘 안 될 수도 있지만, 조급해하면 안 된다. 강아지 때부터 조금씩 익숙해지도록 훈련한다.

💡 칭찬하면서 조금씩 길들인다

입 주위(머즐)를 만지는 데 개가 익숙해지면 양치질을 하거나 입속을 살펴볼 때, 약을 먹일 때 도움이 된다. 또한, 개를 안정시키고 싶을 때 만지기도 한다. 강아지 때부터 머즐을 만지는 데 익숙해지도록 길들여보자. 단, 머즐을 잡고 바로 좌우로 움직여서는 안 된다. 처음에는 가볍게 잡았다가 바로 놓아주고, 얌전히 있으면 칭찬해준다. 이것이 익숙해지면 다음에는 천천히 움직이면서 조금씩 발전시킨다.

🦴 머즐 입주위 만지기

1
머즐을 잡는 데 익숙해지도록 길들인다
처음에는 턱 아래를 쓰다듬어 사람 손은 기분 좋은 것임을 인식시킨다. 그 다음에는 살짝 머즐을 잡고 바로 놓아 준다. 얌전하게 있으면 「잘했어」하고 칭찬하면서 반복한다.

POINT 바르게 잡는 방법
개의 턱을 사람 손 위에 얹는 느낌으로 감싼다. 힘을 주지 말고 가볍게 잡는다.

2
머즐을 좌우로 움직인다
머즐을 잡는데 익숙해지면 천천히 좌우로 움직여 본다. 개가 얌전히 있으면 「잘했어」하고 칭찬한다.

몸 관리법

마사지에도 조금씩 익숙해지도록 길들인다

사람처럼 개의 몸을 손질하거나 마사지를 하려고 해도 개가 사람이 만지는 것에 익숙하지 않으면 불가능하다. 강아지 때부터 몸 관리나 마사지에 익숙해지도록 길들인다.(○p.177)

얼굴 마사지

눈 주변 손질

3 위, 아래로 움직인다

개를 칭찬하면서 천천히 조금씩 위, 아래로 움직인다.

NG 코와 입을 막거나 세게 움직이지 않는다

머즐을 잡을 때 코와 입을 전부 막아 버리면 호흡을 못하게 되므로 바르게 잡아야 한다. 또한 개가 움직일 때에는 힘으로 제압하지 않는다.

4 천천히 돌려본다

상하좌우로 움직이는 것에 익숙해지면 천천히 돌려본다. 절대로 갑자기 하면 안 되고, ①~③번의 과정을 얌전히 할 수 있을 정도로 익숙해지면 시도한다.

Chapter 02
즐거운 생활을 위한
훈련 매뉴얼

시선 맞추기 _eye contact

1 신뢰를 쌓는 노하우

주인이 이름을 부르면 개가 주인을 보는 것을 시선 맞추기라고 한다. 이것은 꼭 필요한 훈련이다. 개가 사람 눈에 주목하면 바로 칭찬해주자.

● 시선 맞추기

1 간식이나 사료 등으로 흥미를 일으킨다
개와 마주보고 앉아 손에 쥔 간식이나 사료를 코 끝에 대고 냄새를 맡게 해서 흥미를 일으킨다.

2 손을 이동시킨다
간식이나 사료를 쥔 손을 개의 코 끝에서 서서히 자신의 눈 근처로 그대로 이동시켜 개의 시선을 주인의 눈 쪽으로 유도한다.

처음에는 간식을 이용하여 연습한다

훈련할 때는 먼저 주인에게 주목시켜야 한다. 그래서 필요한 것이 시선 맞추기이며, 훈련의 기본이라고 할 수 있다.

시선 맞추기를 가르칠 때는 주인이 이름을 불러서 주인을 보면 좋은 일이 있다는 것을 인식시키는 것이 중요하다. 처음에는 간식이나 사료 등 먹는 것이나 좋아하는 장난감 등을 이용하여 반복 훈련을 한다.

 눈이 마주치면 바로 칭찬한다

개의 이름을 불러 눈이 서로 마주치면 바로 「잘했어」하고 칭찬하고, 들고 있던 상을 준다. 칭찬하는 타이밍이 늦으면 개는 눈이 마주친 것에 대해 칭찬받았다는 것을 알아차리지 못하므로 주의한다.

 거리와 시간을 늘려나간다

①~③번의 과정을 반복해서 연습하는데, 잘하면 조금씩 멀리 앉아서 연습한다. 또 상을 주기까지의 시간도 서서히 늘려가면서 시선 맞추기를 하는 시간도 늘려나간다.

 **주인이 먼저 시선을 맞추려고 하지 않는다**

이름을 불러도 개가 주인을 쳐다보지 않는다고 주인이 개와 시선을 맞추려고 하면 안 된다. 이런 경우에는 간식이나 사료로 개의 시선을 주인의 눈 쪽으로 유도한다.

이름을 부르면 언제든지 주인에게 주목하는 개로 훈련

간식이나 사료를 이용해서 시선 맞추기가 가능해지면 아무것도 주지 않아도 이름만 부르면 시선 맞추기를 할 수 있도록 연습한다. 시선이 마주치면 「잘했어」하고 칭찬하는 것을 잊지 말자. 연습을 반복적으로 계속하여 이름을 부르면 언제 어디서나 주인에게 주목할 수 있게 만들도록 노력한다.

시선 맞추기는 여러 가지로 유용하다

● 「앉아」, 「기다려」 등의 훈련을 하거나 지시할 때, 주인에게 주목하게 만들 수 있다.

● 산책 중에 먹을 것이 떨어져 있어도 시선 맞추기로 주인에게 주목하면 주워 먹는 것을 막을 수 있다.

● 산책을 나갈 때 기뻐서 흥분한 개에게 시선 맞추기를 하고 「앉아」를 지시함으로써 흥분을 가라앉힐 수 있다.

● 다른 개를 보고 짖는 경우에도 시선 맞추기를 하고 「앉아」나 「기다려」를 지시하여 개를 진정시킨 다음, 다른 개가 지나갈 때까지 얌전히 기다리게 할 수 있다.

일상생활을 하면서도 이름을 불러 주인에게 주목하면 칭찬해주자. 주인이 웃는 얼굴로 대하면 개도 기뻐하므로 자연스럽게 시선 맞추기가 습관이 된다.

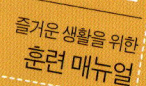

Chapter 02
즐거운 생활을 위한
훈련 매뉴얼

실내에서 생활하기 위한 훈련

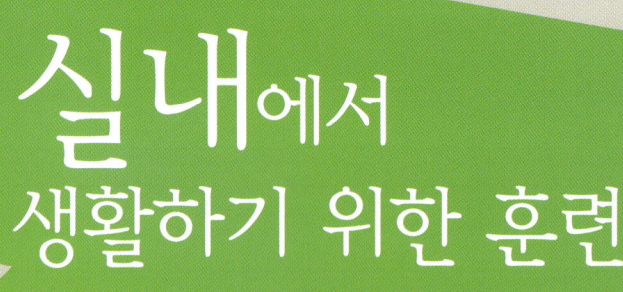

사람과 개가 함께 살아가기 위해서는 서로가 편안한 마음을 갖고 쾌적하게 지낼 수 있어야 한다. 그러기 위해서 필요한 여러 가지 훈련을 반려견에게 가르치자.

먼저 실내에서 안심하고 잘 지낼 수 있도록 훈련한다

개를 반려견으로, 새로운 가족으로 받아들이는 것은 매우 즐거운 일이다. 그런데 사람과 개가 모두 편안한 마음으로 쾌적하게 생활하려면 실내에서 함께 생활하는 데 필요한 여러 가지를 우선 가르쳐야 한다.

사람도 혼자 조용하게 지낼 공간이 있었으면 하고 바라는 것처럼 개한테도 안심하고 지낼 수 있는 장소가 필요하다. 하우스를 준비하여 그곳이 안심할 수 있는 자기만의 공간이라는 것을 가르쳐주자. 또한, 화장실 훈련도 집에 온 첫날부터 시작해야 한다. 그밖에 식사나 집 보기 훈련도 꼭 필요하다. 이러한 훈련들은 사람과 더불어 살아가기 위해 반려견에게 꼭 가르쳐야 하는 것이다. 잘한 것은 바로 가르친 것을 바로 기억하는 개도 있지만 시간이 걸리는 개도 있다. 잘한 것은 바로 칭찬하고, 잘하지 못해도 절대로 조급해하거나 꾸짖지 않도록 주의한다. 사람도 개도 즐겁고 편안하게 하루하루를 지낼 수 있도록 노력하자.

실내에서 함께 생활하기 위해 필요한 훈련

하우스 훈련
하우스에서 지낼 수 있게 되면 주인은 안심하고 자신만의 시간을 가질 수 있다. 손님이 왔을 때나 주인이 집을 비울 때도 하우스 훈련이 되어 있으면 편하다.(◑p.86)

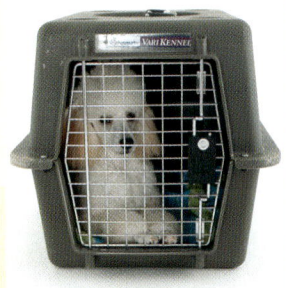

화장실 훈련
반려견이 집에 온 날부터 배설 타이밍을 잘 살펴서 화장실에 데려가자. 화장실 훈련은 서두르지 말고 끈기있게 가르치는 것이 중요하다.(◑p.88)

식사 훈련
매일 하는 식사도 개한테는 즐거움의 하나이다. 음식을 줄 때는 반려견 뿐 아니라 주인도 규칙을 지켜야 한다. 즐겁게 식사할 수 있도록 가르친다.(◑p.92)

집 보기 훈련
원래 무리지어 생활하던 개는 혼자 있으면 외로움을 느낀다. 주인이 외출하더라도 혼자서 얌전히 집을 볼 수 있게 조금씩 가르친다.(◑p.96)

Chapter 02
즐거운 생활을 위한
훈련 매뉴얼

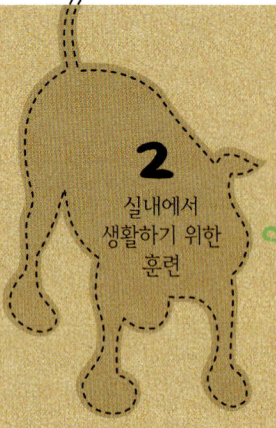

2
실내에서
생활하기 위한
훈련

서로 잘 지낼 수 있는 편안한 실내공간을 만든다

실내에서 개를 기르려면 함께 생활하는 공간을 잘 정리해야 한다. 장난이나 사고를 막기 위한 준비를 해두어 서로 즐겁게 생활하자.

사람도 개도 살기 편한 공간을 만든다

개와 함께 생활하기로 결정했으면 서로가 안전하고 쾌적하게 생활할 수 있도록 방 안을 정리하자. 가지고 놀면 안 되거나 삼킬 우려가 있는 물건은 치워놓는다. 개가 들어가면 안 되는 방의 입구는 막아놓는 등 사람도 개도 같은 공간에서 편안하게 생활할 수 있도록 환경을 만들어야 한다. 또한, 하우스를 준비하여 방 안에서 개가 안심하고 지낼 수 있는 공간을 만들어주자.

● 반려견과 함께하는 공간 만들기의 중요 포인트

1 물건을 치워 놓는다
장난하면 안 되거나 삼키면 위험한 물건은 높은 곳에 올려놓거나 치워둔다. 휴지통도 덮개가 있는 것이 좋다.

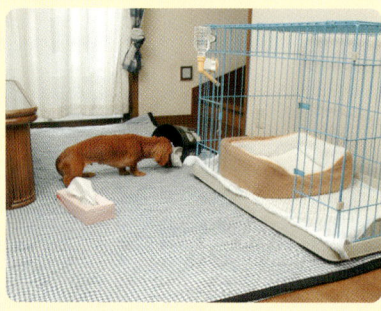

2 들어오면 안 되는 곳은 입구를 막아 놓는다
부엌이나 침실 등 개가 들어오면 안 되는 공간의 문은 닫아놓거나 문이 없을 경우에는 안전문 등을 설치한다. 물어뜯으면 안 되는 가구나 전기코드에도 커버를 씌운다.

3 실내 온도에 주의한다
크기나 견종에 따라 다르지만 개는 사람보다 더 위에 약하고 추위에 강하다. 에어컨의 차가운 공기는 아래로 내려오므로 아래 공간에서 생활하는 개가 춥지 않도록 주의한다.

하우스 훈련을 해두면 이럴 때 도움이 된다

하우스는 주인을 볼 수 있고 개가 안정감을 느낄 수 있는 공간에 놓는데, 직접적으로 에어컨 바람이 닿는 곳은 피한다. 그렇게 한 후 하우스에서 지내는 습관을 훈련한다.

1 집을 비울 때
주인이 외출할 때 하우스에 넣어 두면 장난이나 사고를 예방할 수 있다.

2 함께 외출할 때
여행지나 친척집 등 자신의 집 이외의 장소에서도 안전하고 편안하게 있을 수 있다.

3 손님이 왔을 때
개를 싫어하는 사람이 왔을 때 개를 하우스에 넣어두면 손님도 안심할 수 있다.

4 개가 흥분했을 때
초인종이 울리거나 손님이 왔을 때 흥분한 개를 진정시킬 수 있다.

5 차에 탈 때
하우스에 넣어 차에 태우면 방해받지 않고 운전에 집중할 수 있다.

하우스의 크기

개는 좁고 어두운 곳을 좋아하며, 그 안에서 안정을 찾는 습성이 있다. 하우스가 너무 넓으면 이동할 때 안에서 구를 위험이 있으므로 개의 몸에 맞는 사이즈를 고른다.

높이는 개가 일어섰을 때의 높이에 맞춘다.

바닥 사이즈는 개가 엎드려도 답답하지 않고, 안에서 몸을 돌릴 수 있을 정도의 크기를 고른다.

밖에서 기를 경우

개는 무리지어 생활하던 동물이기 때문에 무리와의 커뮤니케이션이 필요하다. 사람과 생활하게 되면 가족이 무리가 되므로 가능하면 실내에서 함께 생활하는 것이 이상적이다. 어쩔 수 없이 밖에서 기를 경우에는 하우스의 위치를 잘 선정해야 한다. 현관 앞과 같이 사람들의 출입이 많거나 지나가는 사람이 보이는 곳은 안정할 수 없다. 안심하고 지낼 수 있고, 거실 유리문 옆처럼 가족이 보이는 곳에 하우스를 둔다. 그리고 평소에 커뮤니케이션을 충분히 하도록 노력한다.

Chapter 02
즐거운 생활을 위한
훈련 매뉴얼

하우스 훈련

2 실내에서 생활하기 위한 훈련

하우스는 잠자리일 뿐 아니라 그 속에서 안정을 찾을 수 있는 공간으로 여러 가지 상황에서 도움이 된다. 차근차근 하우스에서 지내는 시간에 익숙해지도록 훈련하자.

하우스 훈련

1 간식을 안에 넣는다
개가 좋아하는 간식이나 장난감을 하우스 안쪽에 넣어 둔다.

2 들어가면 「하우스」하고 말한다
개가 간식이나 장난감에 흥미를 보이면서 하우스 안에 들어가면 「하우스」라고 말한다.

POINT 간식으로 유도해보자
좀처럼 하우스 안에 들어가지 않을 때에는 간식을 보여주고 흥미를 일으켜서 들어가도록 유도한다.

3 들어가 있을 때 칭찬한다
문을 닫지 않은 하우스에 얌전히 들어가 있으면 「잘했어」하고 칭찬한다. 익숙해질 때까지는 하우스에서 바로 나와도 상관없다.

하우스 안에서 지내는 시간을 조금씩 늘려나간다

주인이 「하우스」하고 지시하면 개가 하우스에 들어가도록 훈련시키자. 하우스 훈련이 잘 되면 손님이 오거나 외출했을 때도 도움이 된다.

하우스 속에는 수건이나 담요 등을 깔아 안락하게 만들어 놓는다. 개가 하우스에 있으면 안심할 수 있고, 좋아하는 장소가 될 수 있도록 만들어야 한다. 그러나 훈련도 하지 않은 채 갑자기 오랜 시간 하우스에 가둬두면 안 된다. 처음에는 금방 꺼내주면서 조금씩 안에 있는 시간을 늘려나간다.

문을 닫는 것에 익숙해지게 한다

개가 스스로 하우스에 들어가게 되면 문을 닫는 것에 익숙해지도록 훈련한다. 처음에는 짧은 시간부터 시작해서 조금씩 문을 닫아두는 시간을 늘려간다.

 하우스에서 떨어진다

하우스 문을 닫는 데 익숙해지면 그곳을 떠나본다. 주인이 없어도 하우스에서 얌전하게 지낼 수 있는 시간을 서서히 늘려간다.

 억지로 하우스 안에 밀어 넣지 않는다

하우스 안에 들어가지 않으려고 저항하는 개를 무리하게 밀어 넣지 말 것. 하우스에 대한 인상이 나빠질 수 있다. 하우스를 좋아하게 만들기 위해서라도 처음에는 간식이나 장난감 등을 이용해서 유도하자.

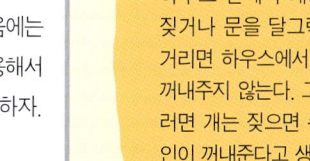

 POINT
얌전히 있을 때 하우스에서 꺼내준다

하우스 안에서 개가 짖거나 문을 달그락거리면 하우스에서 꺼내주지 않는다. 그러면 개는 짖으면 주인이 꺼내준다고 생각하게 된다. 개가 얌전히 있을 때 꺼내주자.

Chapter 02
즐거운 생활을 위한
훈련 매뉴얼

2 실내에서 생활하기 위한 훈련

화장실 훈련 ①

개와 함께 생활하면서 가장 먼저 시작해야 하는 훈련이 바로 화장실 훈련이다. 정해진 장소에서 배설할 수 있도록 서두르지 않고 끈기있게 가르쳐야 한다.

💡 배설 타이밍을 보고 화장실에 데려간다

식구가 된 첫날부터 화장실 훈련을 시킨다. 생후 3~4개월 된 강아지는 배설을 자주 한다. 배설하는 시간을 체크해 보고 시간이 되면 화장실에 데려간다. 잠에서 깼을 때나 놀면서 몸을 움직일 때도 배설이 촉진되므로 개의 상태를 잘 지켜보면서 타이밍을 놓치지 않고 화장실에 데려간다. 자기가 알아서 정해진 화장실에 찾아갈 수 있을 때까지 서두르지 않고 끈기있게 가르치는 것이 중요하다.

● 화장실을 준비하자

1 안정감을 주는 곳에 설치
개는 자신의 잠자리에서는 배설하지 않는 습성이 있다. 화장실은 하우스에서 떨어져 있으면서도, 가기 쉽고, 조용하게 배설할 수 있는 곳에 설치한다.

2 서클로 둘러싼다
화장실 습관을 들일 때까지는 화장실 주변을 서클로 둘러싼다. 화장실에서 배설할 수 있게 되면 서클을 치운다.

3 익힐 때까지 장소를 바꾸지 않는다
화장실 가는 습관이 생길 때까지는 헷갈리기 쉬우므로 화장실 위치를 바꾸지 않는다. 위치를 옮기고자 할 때는 갑자기 바꾸지 말고 서서히 이동시킨다.

화장실 변기나 세면대 근처에 두면 개의 용변 처리도 편리하다.

화장실 훈련의 중요 포인트

배설 타이밍을 알아둔다

배설을 준비하는 타이밍을 알아차려 화장실에 데려가자. 배설 전에는 불안한 모습으로 바닥의 냄새를 맡거나 그 장소에서 빙글빙글 도는 등의 행동을 보인다. 그런 신호를 놓치지 않고 주의깊게 살핀다.

화장실에 데려가는 타이밍
- 잠에서 깼을 때
- 하우스에서 나오자마자
- 식사를 하거나 물을 마신 후
- 놀이 등으로 몸을 움직인 후

실패해도 꾸짖지 않는다

화장실이 아닌 곳에 배설을 해도 야단치지 않는다. 화장실이 아닌 다른 장소에 배설했기 때문에 혼난다는 사실을 개는 깨닫지 못한다. 오히려 배설해서 혼났다고 착각하여 다음부터는 숨어서 배설하게 될 수도 있다.

뒤처리는 조용하게, 냄새는 완전하게

배설을 하면 주인은 소란스럽게 치우지 말고 개를 무시한 채 조용히 뒤처리를 한다. 냄새가 남아 있으면 같은 장소에 또 배설할 가능성이 크므로 살취제로 냄새를 완전히 없앤다.

Chapter 02
즐거운 생활을 위한
훈련 매뉴얼

화장실 훈련 ②

2
실내에서
생활하기 위한
훈련

화장실 훈련을 할 때 중요한 것은 정해진 장소에 배설하면 좋은 일이 있다는 것을 개에게 인식시키는 것이다. 반복해서 훈련하다보면 개는 스스로 화장실을 찾아가게 된다.

화장실 훈련

화장실 안에 넣는다
배설 타이밍(●p.89)을 잘 살핀 후 서클로 둘러싼 화장실 안에 넣는다.

부드럽게 말을 건다
개를 안에 넣은 후 서클문을 닫고 「하나, 둘」 또는 「쉬~」하고 부드럽게 말을 건넨다.

POINT
건네는 말과 화장실을 연관짓도록 인식시킨다
말과 배설을 연관지어 기억시키면 자기 집이 아닌 곳에서 배설할 때 도움이 된다.

조급한 마음을 버리고 끈기있게 가르친다

화장실 훈련을 잘하기 위해서는 주인이 조급한 마음으로 서두르면 안 된다. 빨리 배우는 개가 있는가 하면 시간이 걸리는 개도 있기 마련이다.

처음에는 화장실 주변을 서클 등으로 감싸두고 배설할 때까지 개를 그 안에 넣어두면 실패할 확률이 적어진다. 개가 안에서 배설하면 그 자리에서 바로 칭찬해주자. 「여기서 배설하면 좋은 일이 있구나!」하는 것을 개한테 인식시키는 것이 중요하다.

 배설하면 바로 칭찬한다

화장실에서 배설하면 바로 그 자리에서 칭찬한다.

 **처음부터 화장실 매트만 깔아놓고 시작하지 않는다**

화장실 훈련이 잘 될 때까지는 화장실 시트나 매트 주변에 반드시 서클을 둘러싼다. 실수할 환경을 만들지 않는 것이 중요하다.

 밖에 나오면 놀아준다

화장실 안에서 배설을 끝내면 밖으로 꺼내서 칭찬하거나 놀아준다. 개가 스스로 화장실에 가서 화장실 시트 위에 배설할 수 있게 되면 서클도 없앤다.

Chapter 02
즐거운 생활을 위한
훈련 매뉴얼

2
실내에서
생활하기 위한
훈련

식사 훈련

사람도 개도 건강을 유지하기 위해서는 올바른 식생활이 기본이다. 어떤 음식을 먹일지에 대해 신경을 쓰고, 사람의 음식을 개가 먹고 싶어 해도 주지 않는 등 식사 규칙을 지키도록 훈련하는 것이 중요하다.

 ## 매끼마다 규칙을 지켜야 한다

매일 거르지 않는 식사, 그래서 먹는 것은 개의 즐거움 중 하나다. 사람과 함께 생활하는 개는 스스로 먹을 것을 고를 수 없다. 개의 식생활은 전적으로 주인이 책임지고 관리해야 한다. 가족이 식사할 때 개가 먹고 싶어 한다고 사람의 음식을 주면 건강에도 좋지 않지만 훈련에도 방해가 된다. 식사 때야말로 주인이 정한 규칙을 반드시 지킬 수 있도록 훈련해야 한다.

● **식사 규칙을 지키자**

1 식사 시간을 따로 정하지 않는다
음식을 주는 시간은 개의 상태를 보면서 주인이 정해야 한다. 일정하게 시간을 정해놓으면 그 시간이 되면 개가 짖으면서 보채기 때문이다. 음식을 줄 때도 주인이 주도권을 잡아야 한다.

2 사람의 음식은 주지 않는다
가족들이 식사할 때 개가 먹고 싶어 해도 무시해야 한다. 사람의 음식에는 양념이 들어 있어서 개의 건강에 해로운 것이 많다. 달라고 보챌 때 주게 되면 자신의 요구를 들어달라고 짖는 원인이 될 수도 있으므로 주의한다.

3 먹지 않을 때는 치운다
음식을 놔두어도 먹지 않을 경우에는 식기를 치운다. 그냥 그대로 두면 개는 언제든지 먹을 수 있다고 생각하기 때문이다. 주인이 주었을 때 제대로 먹도록 가르친다.

개의 식사에 대해

음식의 종류와 양은 개에게 맞는 것을 주어야 한다

건강을 유지하기 위해서는 균형 잡힌 식사가 중요하다. 사료에는 개에게 필요한 영양이 골고루 들어 있으며, 간편하게 줄 수 있어서 편리하다. 최근에는 다양한 사료가 판매되고 있으므로 개의 나이나 크기에 맞는 것을 선택한다. 주는 양은 사료 포장지에 표시된 내용을 참고하여 개의 체중에 맞게 양을 조절한다.
손수 만들어주고 싶을 때에는 영양에 대한 지식이 필요하므로 제대로 공부한 후에 요리해서 주자.

개에게 먹이면 안 되는 것!

● **파 종류**
양파, 파, 부추 등 파 종류에는 용혈작용을 하는 성분이 들어 있어서 빈혈을 일으킨다.

● **초콜릿**
개는 초콜릿에 들어 있는 '테오브로민'이라는 성분을 분해할 수 없기 때문에 많이 먹으면 중독되거나 사망할 수도 있다.

● **조미료와 향신료**
염분과 당분의 지나친 섭취는 질병의 원인이 되며, 향신료도 위장을 자극하기 때문에 몸에 나쁜 영향을 준다.

● **카페인 종류**
카페인은 신경을 자극하므로 개한테는 카페인 중독을 일으킬 가능성이 있다.

● **과자류**
당분이나 지방이 많기 때문에 비만이나 칼슘 손실 등의 원인이 된다.

식사 훈련 방법

음식을 줄 때도 주인이 준다는 사실을 개에게 인식시켜야 한다. 식사 시간을 이용해 「앉아」나 「기다려」 등의 훈련을 할 수도 있다. 주인의 지시에 따라 먹을 수 있도록 훈련하자.

1 「앉아」와 「기다려」를 지시한다
식사를 개 앞에 놓을 때 「앉아」, 「기다려」를 지시한다.

2 「좋아」하고 말하면 먹게 한다
「좋아」라고 말하면 음식을 먹게 한다.

NG 너무 오랜 시간 「기다려」를 하지 않는다

「기다려」를 너무 오래 하면 개가 참지 못하고 움직이게 된다. 「기다려」를 익히기 위해서라도 실패하지 않게 훈련하는 것이 중요하다. 또한 음식을 앞에 두고 너무 많이 기다리게 하면 주인에 대한 신뢰를 잃을 수도 있다.

식사 시간을 이용해서 가르치자

식사 중에 몸을 만지는 것에 익숙해지도록 훈련한다

고집이 센 개는 먹고 있을 때 손을 대면 자신의 먹이를 지키려고 짖거나 으르렁거릴 수 있다. 그렇게 행동하지 않게 하려면 강아지 때부터 식사할 때 몸을 쓰다듬어주어 사람 손이 어디에 있어도 식사를 계속할 수 있도록 훈련한다.

계속 음식을 놔두지 않는다, 음식을 손으로 주지 않는다

주인이 식사를 줄 때 제대로 먹는 태도가 중요하다. 개는 배가 고프면 먹기 때문에 한참 놔두어도 먹지 않으면 치운다. 또한, 좀처럼 먹지 않는다고 손으로 음식을 주지 않는다. 다음부터는 손으로 주지 않으면 먹지 않게 되기 때문이다.

Chapter 02
즐거운 생활을 위한
훈련 매뉴얼

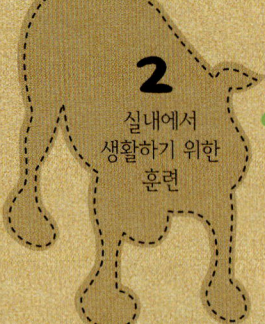

2
실내에서
생활하기 위한
훈련

집 보기 훈련 ①

개 혼자서 집을 지켜야 하는 상황은 사람과 함께 생활하면서 반드시 겪게 되는 경험이다. 안심하고 집을 보게 하기 위해서는 훈련이 필요하다.

 집을 지키게 할 때는 개의 안전을 생각해야 한다

주인이나 가족이 항상 개와 함께 있을 수는 없다. 생활하면서 볼일을 보려면 어쩔 수 없이 개를 혼자 둘 수밖에 없는 상황이 생긴다. 갑자기 오랜 시간 혼자 두면 개가 불안해할 수 있기 때문에 조금씩 시간을 늘려 집을 지키는 일에 익숙해지도록 훈련해야 한다.

또한 외출할 때 개를 방 안에 풀어두면 장난을 치거나, 먹으면 안 되는 것을 먹는 사고가 일어날 수도 있으므로 하우스나 서클 안에 두고 나가야 안전하다.

● **개가 안전하려면 하우스나 서클에 넣고 나간다**

집을 비울 때는 방에 그냥 풀어두지 말고 하우스나 서클에서 지내게 한다.

1 짧은 시간일 경우
외출 전에 배설을 시키고, 하우스 안에서 얌전하게 집을 지키게 한다. 혼자 놀 수 있는 장난감이나 개껌을 함께 넣어주면 지루해하지 않는다.

2 긴 시간일 경우
넓은 서클 안에 잠자리와 화장실을 마련해준다. 지루해하지 않도록 장난감이나 개껌을 넣어주자. 마실 물도 반드시 준비해야 한다. 서클에 거는 물통은 물을 엎지를 염려가 없어서 편리하다.

※ 개를 안에 넣으면 반드시 문을 닫아둔다.

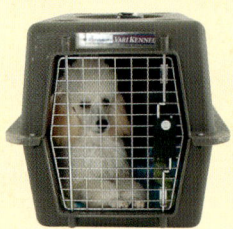

조금씩 집 보기에 길들인다

1 먼저 하우스 안에 있는 것에 익숙해지도록 훈련한다

하우스 훈련으로 개가 하우스에 들어가는 것에 익숙해지면 주인이 함께 있는 방 안에서도 하우스에 얌전하게 있도록 훈련한다.(○p.86 하우스 훈련)

2 짧은 시간부터 주인이 없는 상황을 만든다

개가 하우스 안에 있을 때 주인이 방에서 나가 본다. 이 때 얌전히 있으면 금방 돌아온다. 이것을 반복하여 조금씩 시간을 늘려나간다.

외출할 때는 방의 온도에 주의한다

여름에는 밀폐된 실내의 온도가 올라가 열사병을 일으킬 위험이 있다. 방의 온도는 25~26℃를 유지하도록 조정해놓고 가능한 창을 조금 열어놓거나 환풍기를 돌려 실내 환기에도 신경을 써야 한다. 또한, 겨울에는 강아지나 추위를 많이 타는 개, 노령견, 임신 중인 개가 있는 공간은 일정한 온도를 유지하도록 실내 온도가 자동으로 조절되게 하여 추위에 철저히 대비한다.

Chapter 02
즐거운 생활을 위한
훈련 매뉴얼

집 보기 훈련 ②

2 실내에서 생활하기 위한 훈련

외출 전후에 말을 걸면 개가 혼자 있을 때 불안해질 수 있다. 주인이 조금만 신경 쓰면 개는 불안해하지 않고 혼자 집을 볼 수 있다.

집 보기 훈련

1 개를 하우스에 넣는다
외출하기 전에 먼저 개를 하우스에 넣는다. 잠깐 나갔다 올 때는 하우스 안에 넣고, 오래 비울 예정이라면 침구와 화장실이 준비되어 있는 서클 안에 개를 넣는다.

2 살짝 나간다
집을 나갈 때 개한테 말을 걸지 않고 살짝 조용히 나간다.

방에서 마음대로 돌아다니게 하지 않는다
장난을 치거나 사고, 부상을 당할 우려가 있으므로 집을 비울 때는 개를 자유롭게 풀어주지 말 것.

하우스나 서클에 넣고 살짝 나간다

개를 혼자 둘 때는 안전도 생각해야 하지만 개가 불안함을 느끼지 않는 것도 중요하다. 개가 하우스에 익숙해져서 안정을 찾을 수 있다면 얌전하게 기다릴 수 있을 것이다.

그리고 외출 전후에 개한테 「다녀올게」나 「다녀왔습니다」라고 말을 걸면 안 된다. 집 보는 상황이 전혀 특별한 일이 아님을 인식시키기 위해서라도 외출 전후에는 아무 일도 없는 듯 조용히 움직여야 한다.

 3 돌아왔을 때도 바로 말을 걸지 않는다

집에 돌아왔을 때도 개에게 바로 말을 걸지 않는다. 개가 좋아서 법석을 떨거나 짖어도 무시한다. 주인이 옷을 갈아입은 후 개가 얌전해지면 꺼내준다.

 **외출할 때 말을 걸지 않는다**

외출하기 전에 「다녀올게」하고 개에게 말을 걸지 말 것. 개에 따라서는 말을 걸면 불안함을 느껴 집을 보면서 짖거나 대소변을 지리기도 한다.

Chapter 02
즐거운 생활을 위한
훈련 매뉴얼

실외에서 필요한 훈련

밖에 나가면 모르는 사람이나 다른 개와 만나는 등 여러 가지 다양한 상황을 겪게 된다. 밖에서도 즐겁고 쾌적하게 지내려면 어떤 훈련을 해야 할까? 필요한 훈련을 가르치자.

산책과 함께하는 외출이 즐거우려면 훈련이 필요하다

반려견과 함께 산책을 하다보면 지나가는 사람이 귀엽다고 말을 걸기도 하고, 개를 데리고 나온 사람끼리 가까워지는 등 개와 함께 있음으로써 겪는 여러 가지 상황을 경험하게 된다. 요즘은 개와 함께 들어가는 카페나 가게, 그리고 개들이 마음껏 뛰어놀 수 있는 놀이 공간(도그런)도 늘어나고 있다. 또한, 개와 함께 머물 수 있는 호텔이나 펜션 등도 있어서 개와 함께 여행도 즐길 수 있다.

그러나 밖에 나갔을 때 다른 사람이나 지나가는 개를 보고 짖거나 달려들면 즐거운 외출이 망쳐진다. 또 산책할 때도 주인이 개에게 끌려다니거나, 개가 가는 대로 내버려두면 자신이 주인보다 서열이 위에 있다고 착각할 수 있다.

그렇기 때문에 실내에서 생활할 때와 마찬가지로 밖에서도 사람과 개가 즐겁게 지내기 위해서 필요한 훈련을 시켜야 한다. 산책 훈련, 다른 개를 만나는 훈련, 그리고 차에 타는 훈련 등 실외에서 필요한 다양한 훈련을 차근차근 가르치자.

즐거운 실외 생활을 위해 필요한 훈련

산책 훈련

산책은 개의 운동부족을 해소해줄 뿐 아니라 기분전환도 된다. 즐겁게 산책하기 위해서라도 산책에 필요한 훈련을 시킨다.(▶p.104)

다른 개를 만나는 훈련

다른 개와 놀면서 어울리는 방법을 배운다. 다른 개를 만났을 때 인사하는 법이나 매너를 가르쳐서 가능한 즐거운 시간을 보낼 수 있도록 훈련한다.(▶p.108)

자동차에 타는 훈련

주인과 함께 차를 타고 외출하려면 자동차 타는 것에 익숙해지게 하는 것은 물론, 사고 예방을 위해 차 안에서 얌전하게 있는 훈련이 필요하다.(▶p.112)

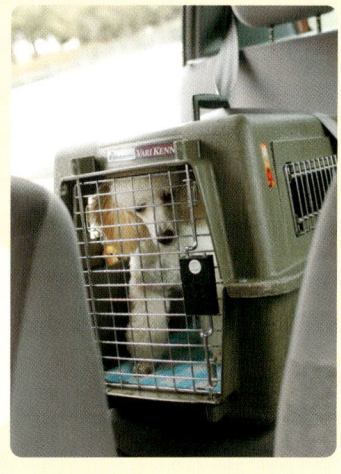

Chapter 02
즐거운 생활을 위한
훈련 매뉴얼

3
실외에서
필요한 훈련

개에게 맞는 목줄과 리드줄을 준비한다

사람도 개도 서로 안심하고 즐겁게 산책하기 위해서 목줄과 리드줄은 꼭 필요하다. 개에게 맞는 목줄과 리드줄을 잘 선택하여 미리 그 감촉과 상황에 익숙해지게 하는 것이 중요하다.

💡 몸 크기에 맞추어 목줄과 리드줄을 준비한다

강아지의 경우 예방접종을 마치고 수의사가 허락하면 드디어 밖에 나가 산책을 시작한다. 산책할 때는 목줄과 리드줄을 꼭 챙겨서 불의의 사고로부터 개의 생명을 지켜야 한다. 몸 크기에 맞추어 목줄과 리드줄을 고르자. 갑자기 걸면 개에 따라서는 싫어하는 경우도 있으므로 미리 실내에서 목줄이나 리드줄의 감촉이나 상황에 익숙해지게 한다.

● 목줄과 리드줄 종류

1 목줄
나일론, 천, 가죽 등 여러 소재의 제품이 있다. 강아지나 몸집이 작은 개는 가벼운 소재로 만든 것이 좋다. 목에 걸었을 때 연결부분이 느슨하지 않은지, 사이즈가 너무 꼭 끼지 않는지 꼼꼼히 체크한다.

2 초크 체인
리드줄을 당기면 목줄이 꽉 조여서 그것을 신호로 개에게 주의를 줄 수 있다. 바르게 사용하지 않으면 개에게 상처를 입히기 때문에 일반인은 사용하기 어려울 수 있다.

3 하프 초크
목줄의 일부가 체인으로 된 것. 일반 목줄보다 더 조이기 때문에 목과 머리 크기가 별로 차이나지 않는 개도 줄이 빠질 염려가 없다.

4 하네스(어깨걸이끈)
가다가 자주 앉는 개는 줄을 잡아당기다가 목줄이 빠져버리는 경우도 생긴다. 하네스는 빠지지 않아 안전하다. 또한 노령견에게도 몸에 부담을 주지 않는 하네스를 추천한다.

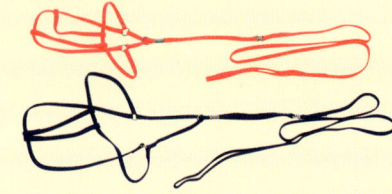

5 리드줄
가죽, 천, 나일론 등 여러 소재의 제품이 있다. 굵기나 길이도 다양하다. 몸 크기에 맞추어 선택한다.

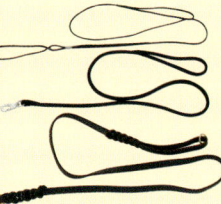

리드줄 잡는 방법

산책할 때는 안전을 위해서 주인이 차도 쪽으로 걷고 개를 왼쪽에 걷게 한다. 소형견은 리드줄을 왼손으로만 잡아도 된다. 중·대형견은 컨트롤하기 편하게 리드줄을 양손으로 잡는다.

● 소형견인 경우

1. 왼손 엄지손가락에 리드줄의 고리 부분을 끼운다.
2. 리드줄의 긴 부분을 손 안에 넣고 잡은 다음 한바퀴 돌린다.
3. 리드줄이 개가 움직일 수 있는 범위의 길이(리드줄이 J자가 되게 약간 여유를 둔다)가 되면 검지에 걸쳐 고정한다.

중·대형견인 경우

오른손에 리드줄을 잡고 왼손으로 리드줄의 중간부분을 잡는다. 리드줄의 길이는 적당히 느슨한 상태로 하고, 끌어당기는 버릇이 있는 개는 줄을 짧게 하는 등 개한테 맞추어 길이를 조절한다.

NG 리드줄을 손에 감지 않는다

몸 크기에 상관없이 리드줄을 손에 감지 말 것. 손에 감으면 갑자기 개가 끌어당길 때의 힘으로 손을 다칠 수 있어 위험하다.

먼저 실내에서 목줄이나 리드줄에 익숙해지게 한다

처음 산책을 나가기 전에 실내에서 목줄이나 리드줄을 걸어 감각에 익숙해지게 한다. 처음에는 리본이나 끈 등을 목에 가볍게 맨 채로 먹이를 주거나 놀아준다. 조금씩 상황을 봐가면서 목줄이나 리드줄로 바꿔서 익숙해지도록 훈련한다.

Chapter 02
즐거운 생활을 위한
훈련 매뉴얼

즐거운 산책

3 실외에서 필요한 훈련

산책을 하면서 가족 말고도 다양한 사람과 물건, 그리고 다른 개들을 만난다. 그렇기 때문에 필요한 규칙이나 매너를 지키는 것이 중요하다. 산책을 통해 다양한 상황을 반려견에게 가르쳐주자.

● 산책 나가기 전에

1 대소변은 집에서 마치고 나간다
산책은 배설하러 나가는 것이 아니다. 남의 집 대문 앞이나 길에다 배설하지 않도록 산책가기 전에 미리 집에서 대소변을 마친다.

2 현관에서 목줄과 리드줄을 건다
목줄과 리드줄은 반드시 집 안에서 건다. 개가 흥분하면 얌전해질 때까지 기다렸다가 건다. 얌전하게 하고 있어야 좋아하는 산책을 할 수 있다는 사실을 인식시킨다.

POINT
목줄은 손가락 2개가 들어갈 정도로 여유를 둔다
목줄은 너무 꽉 조이지 않게 걸고, 연결부분이 느슨하지 않은지도 확인.

3 주인이 먼저 나가서 안전을 확인한다
밖에 나갈 때 개가 먼저 뛰쳐나가면 위험하다. 먼저 주인이 사람이나 자동차의 통행을 보고 안전을 확인한 후 나간다.

규칙을 지켜서 산책이 즐거운 일이 되어야 한다

산책은 개에게 운동이 될 뿐 아니라 집 안에서 얻을 수 없는 다양한 일을 경험할 수 있는 기회다. 강아지 때는 물론 성견이 된 후에도 산책을 통해서 가족 이외의 사람이나 다른 개를 만나거나 여러 가지 소리나 물건, 장소 등 다양한 체험을 하면서 사람과 함께 살기 위해 필요한 규칙을 배워나간다. 또한 주인과 함께 산책하면 서로의 유대관계도 돈독해진다. 필요한 규칙이나 매너를 훈련하여 즐겁게 산책하자.

NG 개를 먼저 내보내지 않는다

산책을 갈 때도 주인이 주도권을 갖는 것이 중요하다. 현관에서 나갈 때는 리드줄을 짧게 잡고 개를 먼저 내보내지 않는다. 흥분했을 때는 「앉아」, 「기다려」를 시킨 다음 나간다.

⚠ 여름에는 산책 시간에 주의

개는 지면 가까이에서 걷기 때문에 한여름 낮에는 지면에서 올라오는 열기로 눈동자에 화상을 입는 경우도 일어난다. 여름에는 이른 아침이나 밤 같은 시원한 시간을 이용하여 산책한다.

산책 어드바이스

● 산책 시간을 정하지 않는다
시간을 정해놓고 산책을 가면 그 시간이 되었을 때 개가 산책 가자고 짖는 경우가 생긴다. 개가 재촉해서 산책을 가면 개에게 끌려다니기 때문에 주인이 시간을 정해서 주도해야 한다.

● 산책하지 못하는 날이 있어도 OK
가능하면 매일 산책하는 것이 좋다. 그러나 주인의 사정이나 날씨에 따라 못 나갈 수도 있으므로 무리하지 않아도 된다. 산책을 못하는 날에는 집에서 충분히 놀아준다.

● 산책 코스를 바꾼다
매일 같은 코스로 산책하면 개가 자기 구역이라는 의식을 갖게 되어 다른 개를 보고 짖거나 자꾸 앞서 가려고 한다. 몇 개의 코스를 준비해두고 그 날의 코스는 주인이 정한다.

● 주인도 매너를 지킨다
산책 중에 개의 배설물을 처리하는 것은 주인의 당연한 매너이다. 허가된 장소 이외에서는 반드시 리드줄을 사용하여 개가 다른 사람에게 달려들지 못하게 하는 등 주인도 매너를 지켜야 한다.

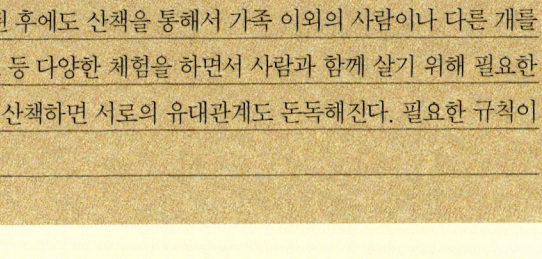

산책할 때 기본 걷기 훈련

1. 걷기는 힐 포지션에서 시작한다

개를 제멋대로 걷게 하면 개가 주도하는 산책이 된다. 함께 걸을 때 위치를 정하는 것이 중요하다. 먼저 주인의 발뒤꿈치 쪽(heel position)에 개를 앉힌 후 걷기 시작한다.

POINT

「힐」을 해내면 칭찬한다

시선을 맞춘 상태에서 「힐」하고 지시하고 개를 왼쪽에 앉힌다. 처음에는 간식이나 장난감으로 유도하고, 개가 왼쪽에 앉으면 바로 칭찬한다.

2. 리드줄 잡는 법에 주의한다

공원처럼 안전한 장소에서는 리드줄을 길게 잡아도 되지만 개가 끌어당기는 버릇이 있거나, 사람에게 덤벼드는 경우에는 길게 잡지 않는다. 차가 많이 다니는 곳에서는 특히 주의한다. 리드줄이 팽팽해지지 않을 정도로 잡는다.

리드줄을 바르게 잡는 방법

3. 개가 앞서서 걷지 못하게 한다

개가 주인보다 앞에서 걷지 않도록 주의한다. 걷는 도중에 가끔씩 「잘했어」하고 칭찬한다.

 겁이 많은 개는 무리하게 끌어당기지 않는다

겁이 많은 개는 다른 개를 보거나 처음 가는 길에서는 긴장한 나머지 산책 중에 주저앉거나 움직이지 않는 경우도 있다. 무리하게 리드줄을 끌어당기면 점점 더 산책하기를 싫어하게 되므로 느긋하게 기다린다.

● 해결 방법

1 개가 멈춰 서거나 주저앉으면 주인도 그 자리에 멈추고, 개를 그냥 둔다.

2 개가 다시 자연스럽게 걷기를 기다린다. 걷기 시작하면 「잘했어」하고 칭찬한다.

 **리드줄을 잡아당기지 않는다**

리드줄을 잡아당겨서 무리하게 개를 걷게 하지 않는다. 리드줄에 대해 나쁜 인상을 주지 않는 것이 중요하다.

POINT 간식이나 장난감으로 유도한다

움직이지 않을 때는 간식이나 장난감으로 유도하자. 산책을 갈 때는 개가 좋아하는 간식이나 장난감을 가방 안에 항상 넣고 다니면 편리하다.

 틈만 나면 리드줄을 끌어당기는 혈기왕성한 반려견은 버릇을 고쳐주자!

건강하고 힘차게 잘 걷는 개는 리드줄을 끌어당기는 경우가 많다. 대형견일 경우 개가 끌어당겼을 때 주인이 넘어질 수 있어서 위험하다. 끌어당기는 버릇이 들지 않도록 훈련한다.(● p.160)

Chapter 02
즐거운 생활을 위한
훈련 매뉴얼

3 실외에서 필요한 훈련

다른 개와 어울리는 방법

다른 개와의 커뮤니케이션에는 주인과의 관계에서 느낄 수 없는 즐거움이 있다. 그리고 다른 개와 만나는 것에 익숙해지면 여러 장소에서 도움이 된다.

조금씩 다른 개와 만나게 한다

성견이 되어 다른 개와 잘 어울리지 못한다면 그 원인은 강아지 때 충분히 사회성을 배우지 못했기 때문일 수도 있다. 강아지 때부터 조금씩 다른 개와 어울리게 해주는 것이 중요하다. 다른 개와 어울리면서 여러 가지를 배울 수 있기 때문이다.

처음부터 적극적으로 다른 개에게 다가가는 개가 있는가 하면 경계하는 개도 있으니, 개의 상태를 살피면서 무리하지 않는 범위에서 어울리도록 훈련한다.

● 매너를 지키자

정해진 장소 외에는 리드줄을 풀어주지 않는다

강아지운동장(도그런)처럼 정해진 장소 외에는 리드줄을 풀어주면 안된다. 개의 안전을 지킬 뿐 아니라, 리드줄이 없는 개가 갑자기 다가오면 놀라서 도망가거나 무서운 나머지 공격하는 개도 있기 때문이다. 자신의 개뿐 아니라 다른 개도 배려해야 한다.

상태를 보면서 무리하게 강요하지 않는다

다른 개에 대한 반응도 개의 성격에 따라 다양하다. 무서워하는 개를 무리하게 강요해서 가까이 가도록 유도하면 안 된다. 개가 무서워하면 처음에는 멀리서 다른 개를 바라보기만 하다가 조금씩 익숙해지게 한다.

다른 개와 어울리는 훈련은 이럴 때 도움이 된다

동물병원의 대기실

진찰 받으러 가거나 예방접종, 필라리아 예방약을 받으러 가는 등, 동물병원에 갈일이 많다. 대기실에는 다른 개나 동물들이 있기 때문에 다른 개한테 익숙해져야 얌전히 기다릴 수 있다.

도그런이나 애견카페 등

리드줄 없이 자유롭게 놀 수 있는 강아지공원(도그런), 주인과 함께 가는 애견카페 등에서 즐거운 시간을 보내기 위해서라도 평소에 다른 개와 자주 만나게 한다.

다른 개를 보아도 짖지 않는다

다른 개를 경계하거나 두려워하면 짖거나 공격적인 태도를 보이기 쉽다. 강아지 때부터 다른 개에 대해 나쁜 인상을 갖지 않도록 훈련하면 다른 개에게 지나친 공포심을 갖지 않는다.

Chapter 02
즐거운 생활을 위한
훈련 매뉴얼

동료에게 인사시키는 방법

3
실외에서
필요한 훈련

개는 동료를 만나면 서로의 냄새를 맡음으로써 상대에 대한 정보를 얻는 습성이 있다. 주인은 반드시 자신의 개가 상대를 싫어하지 않는지 잘 살피면서 인사를 시키도록 한다.

● 인사시키는 훈련

1 주인이 먼저 인사를 나눈다

다른 개와 만나면 개보다 사람끼리 먼저 인사를 나눈다. 개는 나이가 많은 쪽에서 먼저 상대의 냄새를 맡는 습성이 있기 때문에 가까이 하기 전에 상대방 개의 나이를 물어본다.

2 나이가 많은 개부터 냄새를 맡게 한다

서로의 개를 안고 먼저 나이 많은 개가 어린 개의 엉덩이 냄새를 맡게 한다.

POINT
개의 모습을 주시할 것
상대방 개의 엉덩이 냄새를 맡게 할 경우에는 안고 있는 개의 얼굴이 상대 개와 반대 방향에 오게 한다. 그리고 개가 싫어하는지, 으르렁대는지, 자기 개의 얼굴이나 동작을 잘 살펴본다. 싫어하는 것 같으면 무리하게 계속하지 말고 떨어뜨려 놓는다.

개의 습성을 이해하고 인사를 시킨다

개는 서로의 엉덩이 냄새를 맡으면서 상대방이 어떤 성격이며 얼마나 강한지 등 여러 가지 정보를 얻는 습성이 있다. 이러한 개의 습성을 이해하고 인사를 시켜야 한다.

사람도 마음이 맞지 않는 사람이 있듯이 개도 마찬가지이다.

인사를 시킬 때 주인은 개의 모습을 잘 살펴야 한다. 싫어하는 분위기가 느껴지면 무리하게 강요해서 놀게 하지 않는 것이 좋다.

 문제가 없으면 놀게 한다

서로 싫어하지 않는 분위기라고 확인되면 내려놓고 놀게 한다.

 안을 수 없는 대형견의 경우

개가 커서 안을 수 없을 경우에는 개를 앉힌 다음, 같은 방법으로 나이가 많은 개부터 천천히 엉덩이 냄새를 맡게 한다. 이때도 개의 모습을 항상 살피고 원하지 않을 때는 억지로 인사시키지 않는다.

 나이가 어린 개도 냄새를 맡게 한다

다음으로 나이가 어린 개가 나이 많은 개의 엉덩이 냄새를 맡게 한다.

갑자기 얼굴을 가까이 대지 않는다

개한테 얼굴을 맞대게 하는 것은 상대에게 싸움을 거는 신호이다. 따라서 다른 개와 만났을 때 얼굴부터 가까이 마주보게 대지 않는다. 개가 싫어하거나 잘 되지 않을 때도 무리하게 시키지 않는다.

111

Chapter 02
즐거운 생활을 위한
훈련 매뉴얼

자동차에 타는 훈련

3
실외에서
필요한 훈련

개와 함께 자동차를 타고 외출하고 싶어하는 사람이 많다. 차에 타고 있는 동안 사람도 개도 즐거운 시간을 보내려면 가장 중요한 것이 안전이다. 차에 탈 때의 매너도 가르치자.

💡 안전을 생각하면서 처음에는 잠깐씩 태운다

드라이브나 여행을 함께 가는 것 말고도 동물병원에 데려가거나 이사할 때 등 반려견을 차에 태울 기회는 의외로 많다. 차에 태울 때에는 하우스에 넣는 것이 가장 안전하다. 여러 가지 이유로 그것이 불가능하다면 리드줄을 고정시키거나 시중에서 판매하는 애견용 좌석벨트를 이용한다. 또한, 갑작스럽게 오랜 시간 차에 태우지 말고 처음에는 잠깐씩 태우다가 서서히 시간을 늘려가는 것이 좋다.

● 차 안에서는 하우스에 넣는다

운전 중에 개가 차 안을 돌아다니게 방치해두면 불의의 사고를 당할 수 있다. 차 안에서는 하우스로 사용하는 케이지 등에 넣어둔다. 이를 위해서도 평소에 하우스 훈련으로 하우스에 길들이는 것이 중요하다. 하우스를 좌석 벨트로 단단히 고정시키면 흔들림이 적어서 차멀미도 예방할 수 있다.

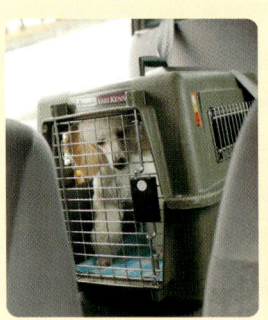

개를 안고 타지 않는다

개를 안고 타면 위험하다. 급정차할 때 개를 놓치면 다칠 수도 있고, 개가 차 안을 돌아다니면 불의의 사고가 일어날 수도 있다. 하우스에 넣는 것이 무리라면 리드줄을 고정시키거나 애견용 좌석벨트를 이용한다.

자동차에 태울 때 주의 사항

1 조금씩 차에 익숙해지도록 한다

갑작스럽게 오랜 시간 차에 태우지 말고, 처음에는 4~5분 정도 짧은 시간 동안 태우기 시작해서 조금씩 자동차에 익숙해지도록 시간을 늘려나간다. 차에 태워서 공원 등 개가 좋아하는 장소에 데려가 차를 타면 좋은 일이 생긴다는 것을 인식시킨다.

2 차에 타기 전 대소변을 마친다

차분하게 차에 타고 있을 수 있도록 타기 전에 미리 대소변을 마치게 한다. 차멀미를 예방하기 위해서라도 차에 태우기 직전에 음식을 주지 않는다. 그래도 걱정이 된다면 멀미약을 먹여야 할지 동물병원에서 상담을 받아본다.

3 오랜 시간 탈 때는 중간에 휴식을 갖는다

오랜 시간 자동차에 탈 때는 중간에 휴식을 가져야 한다. 개가 지치거나 차멀미하는 것을 막기 위해서라도 휴식이 필요하다. 차에서 내려 잠깐동안 산책을 시키거나 물을 마시게 하는 등 운전자뿐 아니라 개도 기분전환이 필요하다.

4 차 안에 가두지 않는다

여름뿐 아니라 맑고 기온이 높은 날에는 차 속 온도가 올라가기 마련이다. 잠깐은 괜찮겠지 하고 개를 차 안에 가두면 열사병에 걸릴 위험이 있다. 주행 중에는 창문을 조금 열어서 환기시킨다.

반려견에게 맞는 사료를 선택하여 건강한 삶을 함께하자

건강하게 생활하기 위해서는 매일 먹는 음식이 무엇보다 중요하다. 개한테 필요한 영양소가 골고루 들어있는 사료를 이용하면 편리하지만 요즘은 사료의 종류가 많아서 어떤 것을 골라야 할지 고민될 때가 많다.

개는 기본적으로 육식동물이라고 하지만 오랜 세월 사람과 함께 살아오면서 잡식성으로 변했다. 또한, 개는 치아 구조가 사람과 달라서 음식을 자른 후에 어금니로 씹는 과정없이 삼켜버린다. 사람은 음식을 계속 씹으면서 입 속에서 타액이 함께 섞여 소화가 시작되지만 개는 삼킨 후 위 속에서 소화가 시작된다. 그렇기 때문에 소화가 잘 되는 음식이 필요하다.

사료를 고를 때는 포장지의 설명을 잘 읽어보고 어떤 원료를 사용했는지 확인해야 한다.

또한 반려견의 나이나 크기, 운동량 등에 따라 필요한 영양소나 에너지양이 달라진다. 강아지에서 성견으로 성장하는 시기에는 몸을 만들기 위해서 칼슘의 배분이 중요하다. 칼슘이 너무 많거나 너무 적어도 뼈나 관절에 영향을 주기 때문에 성장기에 적합한 강아지용 사료를 골라야 한다. 노령견의 경우에도 시니어용으로 표시된 사료가 고령기에 필요한 영양소를 넣어 만들었기 때문에 개의 성장 단계에 맞는 사료를 선택하는 것이 중요하다.

선택한 사료가 반려견에게 맞는지 알아보기 위해서는 눈빛이나 털 상태, 변의 굳기가 적당한지 잘 관찰해야 한다. 나의 반려견에게 맞는 사료로 건강한 삶을 지켜주자.

Chapter 03
기본적으로
익혀야 할 지시어

꼭 가르치고 싶은 훈련

언제, 어디에서, 어떤 사고가 일어날지 모르기 때문에
주인의 지시에 잘 따르는 것은 매우 중요하다.
즐거운 마음으로 기본 지시어를 익히도록 훈련하자.

주인의 지시에 따르면 생활이 즐거워진다

「앉아」, 「기다려」, 「이리 와」 등과 같은 주인의 지시로 개의 행동을 컨트롤할 수 있으면 함께 지내는 서로의 생활이 더욱 즐거워진다.

산책 중에 리드줄이 풀렸을 때에도 「기다려」나 「이리 와」라는 지시에 따라주면 위험한 곳에 가는 것을 막을 수 있다. 또한 「앉아」나 「엎드려」 등의 지시로 흥분한 개를 안정시킬 수도 있다.

이밖에도 다른 사람에게 달려들거나 자전거나 오토바이처럼 움직이는 물체를 쫓아갈 때도 「앉아」나 「기다려」라는 지시에 따라주면 사고를 일으킬 위험성이 적어진다. 서로가 안심하고 생활하기 위해 기본 지시에 복종하도록 훈련시키자.

처음에는 간식이나 장난감 등으로 유도하고 개가 지시에 잘 따르면 사랑하는 주인으로부터 칭찬도 받고, 상도 받는다는 사실을 인식시켜야 한다. 반려견이 즐겁게 훈련할 수 있도록 노력해야 한다.

훈련을 잘 시키는 노하우

1 「앉아」, 「기다려」와 같은 지시어는 통일한다
「앉아」, 「앉아라」, 「시트」와 같이 때에 따라 지시하는 말이 달라지면 개가 혼란스러워 한다. 가족 모두 같은 지시어를 사용해야 한다.

2 1가지만 집중해서 가르친다
동시에 여러 가지를 가르치면 개는 이해하지 못한다. 1번에 1가지 훈련에만 집중해서 가르친다.

3 좋아하는 간식이나 장난감으로 유도한다
주인의 지시에 따르면 상을 받을 수 있다고 인식시키려면 처음에는 개가 좋아하는 간식이나 장난감을 이용해서 가르친다. 개가 자연스럽게 지시에 따를 수 있도록 유도한다.

4 잘 해내면 반드시 애정을 담아 진심으로 칭찬한다
지시에 잘 따르면 바로 「잘했어」하고 진심으로 칭찬한다. 칭찬하는 타이밍이 늦으면 개는 무엇 때문에 칭찬 받는지 모르기 때문에 효과가 없으므로 주의한다.

5 1번에 너무 오래 훈련하지 않는다
훈련을 1번에 너무 오래 하면 개의 집중력이 떨어진다. 성견이면 약 15분, 강아지는 2~3분정도 짧은 시간을 반복하여 하루 몇 번에 걸쳐 훈련한다.

6 성공한 후에 훈련을 마친다
개에게 자신감을 주고 기분 좋게 해주는 것도 중요하다. 훈련을 끝낼 때는 성공하여 칭찬으로 마무리지어야 한다. 실패했을 때는 전 단계로 돌아가 개가 성공할 수 있는 지시어를 명령한 후 칭찬한다.

7 실패해도 조바심내지 않는다
훈련에 잘 따라오지 못한다고 혼내거나 조바심내지 말 것. 이런 모습을 보이면 개는 불안해하거나 주인을 신뢰하지 않게 된다. 실패의 원인을 잘 파악하고, 가르치는 방법도 다시 생각해본다.

8 처음에는 집중할 수 있는 공간에서 훈련시킨다
처음에는 평소에 생활하는 방이나 개가 차분하게 주인의 지시에 집중할 수 있는 공간에서 훈련한다. 그곳에서 제대로 할 수 있게 되면 다른 방이나 밖으로 서서히 옮겨 어떤 곳에서도 할 수 있게 훈련한다.

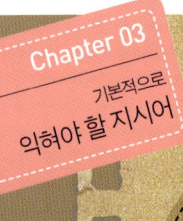

Chapter 03
기본적으로 익혀야 할 지시어

꼭 가르치고 싶은 훈련 1

「앉아」

주인이 「앉아」라고 말하면 앉을 수 있게 훈련한다. 「앉아」를 마스터하면 개를 진정시키고 싶을 때도 지시할 수 있다.

● 「앉아」를 가르치자

POINT

간식이나 사료의 위치가 너무 멀면 안 된다

간식이나 사료를 쥔 손이 개와 너무 멀리 떨어져 있으면 개가 쫓아가려고 일어서거나 뒤로 움직인다. 코끝에 가까이 대야 한다.

1
간식 냄새를 맡게 한다
코끝에 간식이나 사료를 쥔 손을 갖다 대고 냄새를 맡게 한다.

처음에는 개가 좋아하는 것으로 유도한다

「앉아」는 개가 차분해지는 자세다. 「앉아」를 할 수 있게 되면 사람이나 다른 개한테 달려드는 것을 막고, 개가 흥분했을 때 안정시킬 수 있다. 또한 개를 안정시키면 주인의 지시에도 집중하게 된다.

처음에는 간식이나 사료, 또는 좋아하는 장난감 등을 이용하여 유도한다. 반복적으로 연습하여 「앉아」라는 지시만으로도 앉게 훈련해야 한다.

2 간식을 쥔 손을 위로 움직인다

간식이나 사료를 쥔 손을 그대로 개의 머리 위쪽으로 움직인다.

NG 힘으로 억지로 앉히지 않는다

처음 훈련할 때는 바로 앉지 않는데 그렇다고 개의 엉덩이를 억지로 세게 누르면서 무리하게 앉히지 않는다. 어디까지나 즐겁게 가르쳐야 효과도 좋다.

지시에 잘 따르지 못할 때는 이런 방법을!

「앉아」라는 말과 동시에 엉덩이에 가볍게 손을 대고 앉힌다

간식이나 사료로 유도해도 잘 앉지 않는 개는 「앉아」라고 말하는 동시에 개의 엉덩이에 가볍게 손을 대고 앉힌다.

POINT

평소 스킨십을 통해 사람 손에 길들여져야 한다

엉덩이를 만지면 싫어하는 개가 많다. 평소에 스킨십할 때 개의 몸을 부드럽게 어루만져주어 사람 손은 무섭지 않다고 인식시켜야 한다.

성격별 POINT

 활발하게 움직이는 개는 벽을 이용해서 가르치자

잠시도 가만히 있지 못하는 활발한 개는 벽이나 코너 등을 이용해서 가르친다. 개가 돌아다니지 못하게 한 다음 「앉아」를 가르치면 효과적이다.

① 주인의 왼쪽에 벽이 오도록 선다.

② 사람과 벽 사이에 개가 겨우 지나다닐 정도의 공간을 만든다.

③ p.118~p.120의 순서로 벽을 이용하여 연습한다.

Chapter 03
기본적으로 익혀야 할 지시어

꼭 가르치고 싶은 훈련 2

「기다려」

「기다려」를 가르치면 개의 움직임을 멈출 수 있기 때문에 갑자기 뛰어나가면 위험한 경우에 도움이 된다. 그 자리에서 움직이지 않고 기다릴 수 있도록 훈련한다.

「기다려」를 가르치자

POINT

처음부터 너무 멀리 떨어지지 않는다

처음부터 갑자기 개와 너무 멀리 떨어지면 개가 움직여서 실패하기가 쉽다. 처음에는 아주 조금 떨어지고, 잠시 동안이라도 기다리면 칭찬을 반복하면서 훈련한다.

앉아

1
마주보고 「앉아」를 지시한다
손이 닿을 범위에 있는 거리에서 개와 마주보고 「앉아」를 지시한다.

122

짧은 시간, 가까운 거리부터 차근차근 시작한다

「기다려」는 개의 움직임을 멈추게 하는 지시이다. 산책갈 때 현관에서 뛰어나가려고 하거나 자동차나 자전거 등을 쫓아가려 할 때 순간적으로 개의 움직임을 빨리 멈추게 해야 할 경우가 있다. 그래서 「기다려」를 반드시 가르쳐야 한다.

처음에는 짧은 시간과 가까운 거리부터 시작하여 조금씩 늘려나간다. 「기다려」를 지시한 다음에는 반드시 「좋아」 같은 지시로 개를 멈춤 자세에서 자유롭게 풀어줘야 한다.

② 「기다려」라고 말하고 뒤로 움직인다
개와 마주본 채 「기다려」라고 말하면서 주인은 아주 조금 뒤로 이동한다.

NG 개가 다가와도 상대하지 않는다
「기다려」라고 지시한 후 개가 그 자리에서 기다리지 못하고 주인 곁으로 다가오면 상대하지 않는다. 상대해주면 개는 「기다려」를 배우지 못한다. 이럴 때는 재빨리 다시 한 번 「앉아」, 「기다려」를 지시하고 개가 기다리면 칭찬한다.

● 「기다려」를 가르치자

좋아

3
개가 기다리면 「좋아」로 풀어주고 칭찬한다
주인이 뒤로 이동해도 개가 그 자리에 움직이지 않고 있으면 「좋아」라고 말해주면서 「기다려」를 풀어준다. 개를 자유롭게 해주고 칭찬한다.

기다려

⚠ 조금씩 거리와 시간을 늘려나간다
①~③을 반복하여 개가 확실히 기다릴 수 있게 되면 조금씩 주인과의 거리와 기다리는 시간을 늘려간다.

잘 기다리지 못할 경우에는

가까운 거리에서부터 반복 연습한다

조급해하지 말고 끈기있게 반복하여 연습해야 한다. 아주 가까운 거리에서 잠깐이라도 개가 기다리게 되면, 다음에는 조금 더 떨어지고, 기다리는 시간도 조금씩 늘려나간다. 거리와 시간을 늘려가는 훈련이 잘 안 되면 전 단계로 돌아가서 확실히 할 수 있게 된 다음에 다음 단계로 넘어간다.

POINT

간식이나 장난감을 이용한다

좋아하는 간식이나 장난감을 가지고 개의 관심을 끈 다음 「기다려」를 지시한다. 성공하면 가지고 있던 간식을 주거나 장난감을 가지고 함께 놀아준다.

성격별 POINT

건강하고 활동적인 개일수록 가까운 거리에서부터 시작한다

건강하고 활동적인 개는 주인이 멀어지면 자유로워졌다고 생각하고 바로 움직인다. 훈련 초기 단계에는 개가 마음대로 움직이지 못하도록 리드줄을 사용한다. 가까운 거리에서 「기다려」를 완벽하게 익히면 거리와 시간을 조금씩 늘려나간다.

Chapter 03
기본적으로
익혀야 할 지시어

꼭 가르치고
싶은 훈련
3

「이리 와」

「이리 와」라고 말하면 개가 곧장 주인한테 기쁘게 달려올 수 있도록 훈련한다. 주인이 있는 곳에 오면 좋은 일이 있다고 인식시키는 것이 포인트다.

● 「이리 와」를 가르치자

1 개와 조금 떨어진 곳에서 「앉아」, 「기다려」를 지시한다
처음에는 개와 2~3걸음 떨어진 위치에서 「앉아」, 「기다려」를 지시한다.

2 간식 등을 보여주면서 관심을 끈다
「이리 와」라고 말하면서 개가 좋아하는 간식이나 장난감을 코앞에 보여주어 관심을 끌어 주목시킨다.

불러서 오면 개가 좋아하는 것을 준다

만일 리드줄을 놓쳤을 때 「이리 와」 훈련이 되어 있으면 개를 부를 수 있다. 이 지시에 잘 따르게 하는 포인트는 주인이 있는 곳에 가면 좋은 일이 있다고 인식시키는 것이다.

처음에는 가까운 거리에서부터 시작하면서 개가 좋아하는 간식이나 장난감을 이용하여 가르친다. 그리고 개를 불러서 주인한테 왔을 때 개가 싫어하는 것이 있거나 싫어하는 행동을 하면 다음부터는 경계해서 오지 않을 수도 있으므로 주의한다.

 **오지 않는다고 리드줄을 잡아당기지 않는다**

개가 잘 안 온다고 리드줄을 잡아당겨 주인 있는 곳으로 강제로 오게 하지 않는다. 개가 스스로 오도록 기다려야 한다. 또한 「이리 와」라고 불렀을 때는 개가 잘하지 못하거나 싫어하는 일은 하지 않는다. 「이리 와」라는 말을 나쁘게 인식시키지 않는 것이 중요하다.

3 「이리 와」를 지시하면서 주인 쪽으로 유도한다

「이리 와」라고 말하면서 개의 코앞에서 간식이나 장난감을 그대로 천천히 움직여 주인이 있는 쪽으로 오게 유도한다.

● 「이리 와」를 가르치자

4
개가 오면 칭찬하고 상을 준다.
개가 주인 있는 곳으로 오면 「잘했어」하고 칭찬하고, 가지고 있던 간식이나 장난감으로 상을 준다.

잘했어

이리 와

❗ 「이리 와」라는 지시만으로 주인 있는 곳으로 오게 훈련한다
①~④를 반복 연습하여 개가 주인 있는 곳으로 오게 되면 간식이나 장난감을 이용하지 않는다. 「이리 와」의 지시만으로 개가 오도록 해야 한다. 또한, 개와의 거리도 조금씩 늘려나간다.

잘 오지 못할 경우에는

쉽게 움직이지 않을 때는 개가 관심을 보이는 물건을 이용한다

개마다 흥미있는 것, 좋아하는 것이 다르다. 예를 들어, 육포를 좋아하는 개도 있고, 헝겊인형을 좋아하는 개도 있다. 관심이 없으면 쉽게 움직이지 않는다. 개를 유도할 때는 개가 관심을 보이는 물건을 이용한다.

성격별 POINT — 개의 성격에 따라 말하는 방법도 바꾼다

 겁이 많은 개한테는 부드러운 목소리로 지시한다

겁이 많은 개한테 큰 소리로 「이리 와」라고 지시하면 놀라서 움직이지 않을 수도 있다. 차분하고 부드러운 목소리로 지시한다.

 제멋대로 행동하는 개한테는 지시하면서 뒤로 조금 물러난다

자신의 페이스로 천천히 걷는 개를 조금 빨리 오게 하고 싶을 때가 있다. 그럴 때는 개가 주인 있는 쪽으로 걷기 시작할 때 주인이 그대로 뒤로 물러난다. 이렇게 하면 주인을 쫓아가기 위해서 개가 빨리 걷게 된다.

Chapter 03
기본적으로
익혀야 할 지시어

꼭 가르치고
싶은 훈련
4

「엎드려」

「엎드려」는 개를 오랜 시간 얌전하게 기다리게 할 때 사용하는 지시다. 무방비한 자세이므로 개가 경계하지 않도록 천천히 가르친다.

「엎드려」를 가르치자

1 「앉아」를 지시한다
주인은 개와 마주보고 「앉아」를 지시한다.

2 「엎드려」라고 말하면서 간식을 든 손을 움직인다
앉아 있는 개에게 손에 든 간식이나 장난감을 보여주어 관심을 끈다. 「엎드려」라고 말하면서 그대로 손을 천천히 아래로 내린 후 앞다리를 뻗을 수 있게 손을 앞쪽으로 조금 움직인다.

「앉아」를 마스터하면 「엎드려」를 가르친다

동물병원의 대기실처럼 오랜 시간 기다려야 할 때 「엎드려」를 가르쳐서 기다리는 것을 잘 해내도록 한다. 「엎드려」를 가르치려면 먼저 「앉아」를 할 수 있어야 한다. 「앉아」 상태에서 간식이나 장난감을 이용하여 훈련한다. 「엎드려」는 무방비한 자세이기 때문에 개에 따라서는 배우는 데 시간이 걸릴 수도 있다. 조급해하지 말고 끈기있게 자신의 반려견한테 맞는 방법으로 조금씩 연습시키자.

3 엎드린 상태가 되면 칭찬한다

간식이나 장난감을 따라 움직여서 엎드린 상태가 되면 「잘했어」라고 칭찬하고, 들고 있던 간식이나 장난감을 개의 입가에 대준다. 반복 연습하여 최종적으로는 「엎드려」라는 지시만으로도 따르게 훈련한다.

 **손으로 무리하게 누르지 않는다**

개가 좀처럼 「엎드려」 자세를 취하지 않는다고 등을 무리하게 누르면 안 된다. 간식이나 장난감을 이용하여 유도하거나, p.132에 나온 훈련처럼 다리 밑을 지나가게 하는 등 놀이나 게임처럼 가르친다.

잘 엎드리지 못할 경우에는

다리 아래로 빠져나가게 해서 「엎드려」 자세를 가르친다

활발하게 돌아다니는 개는 다리 아래로 빠져나가는 놀이로 「엎드려」 자세를 가르친다.

1 한쪽 다리 밑을 지나가도록 간식으로 유도한다

주인은 앉아서 한쪽 다리를 뻗는다. 그 밑으로 개가 지나가도록 간식이나 장난감으로 유도한다.

2 다리 밑에서 엎드린 자세가 되면 「엎드려」라고 말하고 바로 칭찬한다.

개가 다리 밑에서 엎드린 자세가 되면 가볍게 다리로 누르면서 「엎드려」라고 말하고 곧바로 「잘했어」라고 칭찬한다. 그 상태에서 들고 있던 간식이나 장난감을 상으로 준다. 처음에는 다리 위치를 낮추었다가 조금씩 높이면서 훈련하면 나중에는 다리 밑을 지나가지 않아도 엎드릴 수 있다.

엎드려

성격별 POINT

겁이 많은 개는 홀드 스틸로 안정시켜서 「엎드려」 훈련을 한다

다리 밑으로 지나가는 것을 싫어하는 개도 있다. 홀드 스틸(◎p.70)을 잘하는 개라면 홀드 스틸로 우선 개를 부드럽게 감싸서 안심시킨다. 개의 앞발을 가볍게 누른 채 주인은 몸을 들어 「엎드려」라고 말하고, 개가 그 상태로 얌전히 있으면 「잘했어」라고 칭찬한다.

홀드 스틸로 개를 안정시킨다.

개한테서 몸을 떼고 개가 엎드린 상태로 얌전히 있으면 칭찬한다.

언제 어디서나 할 수 있게 훈련한다

집 안에서 「앉아」, 「기다려」, 「이리 와」, 「엎드려」 등을 잘하게 되면 공원이나 길거리, 다른 개와 함께 있는 상황 등 여러 장소와 상황에서도 연습하여 주인의 지시에 따르도록 훈련한다.

● 산책 갈 때

「이리 와」라고 개를 부르고, 목걸이나 리드줄을 건다.

개가 뛰어나가지 않도록 현관이나 문에서 나가기 전에 「앉아」, 「기다려」를 지시한다.

● 야외에 있을 때

다른 개와 스쳐 지나갈 때 짖지 않도록 「앉아」, 「기다려」를 지시한다.

강아지운동장(도그런) 같은 곳에서 한창 놀고 있을 때, 멀리 있어도 돌아올 수 있게 「이리 와」를 지시하여 불러들인다.

자전거가 지나갈 때 쫓아가지 않도록 「앉아」, 「기다려」를 지시한다

Chapter 03
기본적으로 익혀야 할 지시어

꼭 가르치고 싶은 훈련 5

「손」

「손」하고 지시하면 개가 주인의 손에 앞발을 살포시 올려놓는 모습은 사랑스럽다. 주인의 웃는 얼굴을 보면 개도 행복해진다. 놀이의 하나로 「손」을 가르쳐보자.

「손」을 마스터하면 「다른 손」도 시도한다

「손」은 반드시 가르쳐야 하는 훈련은 아니지만 주인과의 즐거운 커뮤니케이션이 되므로 가르쳐보자. 개의 앞발에 가볍게 손을 대거나 간식이나 사료를 이용하는 등, 가르치는 방법은 다양하다. 「손」을 마스터하면 이번에는 반대쪽 앞발을 내밀도록 「다른 손」도 가르쳐보자. 반려견과 더욱 즐거운 시간을 보낼 수 있다.

「손」을 가르치자

1. 「앉아」를 지시한다
앞발 뒤쪽에 가볍게 손을 대면 개는 자연스럽게 앞발을 드는데, 그 때 그대로 부드럽게 손 위에 발을 얹는다.

2. 앞발을 손에 올리면 「손」이라고 말하고 칭찬한다
개의 앞발이 주인의 손 위에 올라왔을 때 「손」이라고 말하고 칭찬해준다.

앉아

POINT
가볍게 발을 두드려 본다
앞발 뒤쪽에 손을 대는 것만으로도 발을 드는 개도 있지만, 들지 않는 경우에는 가볍게 앞발을 톡톡 두드려보자.

앞발을 잘 올리지 못할 경우에는

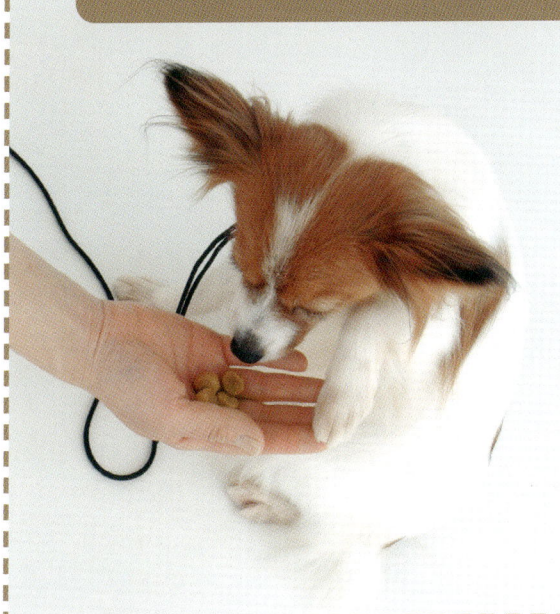

주인의 손에 앞발을 올려놓고 사료를 먹인다

사람 손에 앞발을 올리는 것을 싫어하는 개한테는 손바닥에 간식이나 사료를 놓고 다른 손으로 개의 앞발을 부드럽게 들어 손바닥 위에 올린다. 앞발을 손에 올려놓은 상태에서 간식이나 사료를 먹인다. 이렇게 하면 사람 손에 대해서도 좋게 인식시킬 수 있다.

성격별 POINT

활동적인 개는 사료를 달라고 조르는 동작을 이용한다

활동적인 개한테는 손에 간식이나 사료를 쥐고 그 냄새를 맡게 한 다음 그대로 둔다. 그러면 개가 먹고 싶어서 앞발을 올리게 된다. 앞발을 올려놓을 때 「손」이라고 말하면서 손에 쥔 간식이나 사료를 준다.

COLUMN 004
장난감을 잘 분류하여 사용하면 훈련에 큰 도움을 준다

개한테 놀이가 필요한 이유는 p.62에 나온 내용처럼 운동부족을 해소하거나, 놀이에 대한 욕구를 충족시키기 위해서다. 개가 좋아하는 놀이 중에 장난감을 이용한 놀이가 있는데, 장난감에도 여러 가지 종류가 있으므로 반려견이 좋아하는 장난감을 잘 선택하자. 놀다가 실수로 장난감을 삼킬 수도 있기 때문에 대형견한테 너무 작은 크기의 장난감은 주지 말고, 소형견도 입에 물거나 물어뜯어도 괜찮은 장난감이 안전하다.

평소에 주인과 함께 갖고 노는 장난감 외에, 주인이 집을 비워야 할 경우에 오랜 시간 혼자 놀 수 있는 장난감도 준비하는 것이 좋다. 예를 들어, 속이 비어있어 그 안에 간식을 넣을 수 있는 장난감인 콩(kong)은 개가 어떻게 하면 속에 있는 간식을 먹을 수 있을까 하고 열중해서 굴리면서 논다. 이밖에도 개가 속에 들어 있는 간식을 빼내기 위해 이리저리 궁리해야 하는 장난감이 있으니 이러한 장난감을 하나 준비해 두면 편리하다. 그리고 이런 장난감은 집을 비울 경우에만 주는 특별한 장난감으로 분류해서 평소에는 주지 않는다. 그렇게 하면 개는 혼자 있을 때에도 장난감에 열중해서 놀기 때문에 혼자서도 집을 잘 지킨다. 훈련할 때 사용하는 장난감도 평소에 주지 않아야 한다. 평소에 갖고 놀지 못하는 특별한 장난감이어야 놀고 싶어서 훈련에 집중하고, 의욕이 생긴다. 평소에 자주 노는 것, 집을 비울 경우에 주는 것, 훈련에 쓰는 것 등 장난감을 잘 분류해서 활용하면 개의 훈련에 많은 도움이 된다.

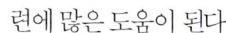

chapter 04

문제견에 대한
고민 해결

• 문제 행동은 어떻게 해결할까?

Chapter 04
문제견에 대한
고민 해결

문제 행동은 어떻게 해결할까?

짖는다, 문다, 대소변을 실수한다, 사람에게 달려든다.
이런 반려견의 문제 행동으로 고민하는 주인이 많다.
먼저 문제 행동은 왜 일어나는지 원인을 찾아서
해결하는 것이 첫번째이다.

문제 행동이란 사람을 곤혹스럽게 만드는 행동이다

개는 왜 문제 행동을 할까? 그리고 문제 행동이란 도대체 무엇일까? 짖는 것과 무는 것은 얼핏 보기에 문제 행동 같지만 그렇지 않다. 이는 태어날 때부터 개가 갖고 있는 지극히 자연스런 본능적인 행동의 하나일 뿐이다. 하지만 사람의 입장에서 타이밍이 좋지 않을 때 개가 이런 행동을 하면 이것을 '문제 행동' 이라고 한다. 그러나 함께 살면서 반려견이 다른 사람에게 피해를 주거나 주인에게 반항적인 태도를 보이면 곤란하므로 개의 행동을 제어할 수 있어야 한다. 이러한 문제 행동을 예방하기 위해서는 먼저 왜 이런 행동을 하는지 그 원인을 알아야 한다. 주요 원인으로는 주인과의 커뮤니케이션이 부족하거나 운동부족에서 오는 스트레스, 잘못된 훈련의 영향, 불편한 주거 공간, 질병이나 상처 등을 생각해 볼 수 있다.
원인이 무엇인지 알았다면 그 다음은 주인과 반려견이 함께 해결해 나가야 한다.
문제 행동을 개선하는 것은 서로 간에 신뢰를 다시 쌓을 수 있는 좋은 기회가 된다.

문제 행동을 해결하는 포인트

1 반려견의 성격을 파악한다
호기심이 왕성하여 무엇이든지 관심을 보이거나, 겁이 많아 자신을 보호하기 위해서 툭하면 짖는 등 개의 성격을 파악하면 문제의 원인을 찾아 훈련하는 데 도움이 된다. 또한 일어날 수 있는 문제를 주인이 미리 살펴서 예방할 수도 있다.

2 조기 발견과 조기 대책
가능한 어릴 때부터 길들이면서 어떤 문제가 생기면 즉시 대처한다. 나이가 들수록 새로운 것을 배우는 데 시간이 걸린다. 하루라도 빨리 시작하는 것이 좋다.

3 조급해하지 않는다
빨리 배우는 개도 있지만 문제 행동이 습관이 되면 고치는 데 시간이 걸린다. 그럴 때는 조급하게 생각하지 말고 끈기 있게 시간을 두고 개와 마주해야 한다.

4 가족 모두가 협력한다
부부의 말이 서로 다르고, 자녀가 훈련에 무관심한 태도를 보이면 개가 혼란스러워한다. 또한, 가족의 협력이 없으면 개는 그것을 민감하게 받아들여 스트레스를 받기도 한다. 개를 길들이기 위해서는 가족 모두의 협력이 필요하다.

5 변화가 없으면 방법을 바꾼다
개의 성격뿐 아니라 상황에 따라서도 해결 방법이 달라진다. 한동안 시도했는데 변하지 않을 때에는 맞지 않는 방법이거나 잘못된 방법일 수도 있다. 장소를 바꾸거나 지시하는 방법을 달리 연구해보자.

6 건강 관리에 신경 쓴다
병에 걸리면 대소변 실수를 할 수 있고, 상처를 입으면 통증 때문에 공격적으로 변할 수 있다. 이처럼 병이나 상처가 원인이 되어 문제 행동을 일으키는 경우도 있으니 동물병원에서 건강진단을 정기적으로 받는다.

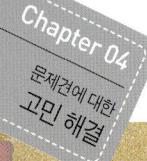

짖는다

짖는 것은 개가 지닌 본래의 습성이다. 짖는 행동을 무조건 못하게만 하지 말고 왜 짖는지 상황이나 의미를 파악하여 해결하는 것이 쓸데없이 짖는 행동을 예방하는 지름길이다.

개가 짖는 것은 사람이 말하는 것과 같다

개는 원래 짖는 동물이다. 집을 지키는 역할을 강조시키려고 유전적으로 짖는 습성을 강하게 만들어 번식시킨 견종도 있을 정도이다. 즉, 짖는다는 것은 개에게 당연한 행동이며 사람이 말하는 것과 같다. 따라서 개를 짖지 못하게 하는 것은 사람에게 말을 못하게 하는 것과 같으며, 전혀 짖지 못하게 할 수는 없다. 그보다 짖는 의미와 어떤 경우에 짖는지를 파악하는 것이 먼저 할 일이다.

개는 짖음으로써 희로애락을 표현하지만 다음과 같은 경우에는 대처 방법을 찾아야 한다.

● 싫어서 경계할 때 짖는다   ● 제멋대로 무엇인가를 요구할 때 짖는다

개가 경계하거나 두려워할 때는 일단 진정시키고 상황을 인식시켜서 두려워할 필요가 없다는 것을 가르쳐야 한다. 무엇인가를 요구하기 위해 짖을 경우에는 무시해버린다.

짖는 상황이나 개의 성격에 따라 대처 방법도 다르다. 짖는 대상이 사람인지 물건인지, 집 안에서 짖는지 밖에서 짖는지, 또 짖는 소리의 차이에도 주의를 기울인다. 짖는 원인을 제거하여 짖을 빌미를 제공하지 않는 것이 중요하다.

짖는 행동에는 의미가 있다

두려움이 싫어서 경계하려고 짖는다
모르는 사람이나 지나가는 개를 만나면 그들이 자신의 영역에 침입한 것으로 보고 위협하는 행동으로 짖는다. 또한, 인터폰이나 창밖에서 소리가 나면 짖는 등 경계심이 강하거나 공포심 때문에 짖는 경우가 많다.

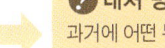
대처 방법
과거에 어떤 무서운 경험을 했던 이미지를 좋은 방향으로 바꾸어 준다.

제멋대로 무엇인가를 요구할 때 짖는다
주목받고 싶고, 관심 끌고 싶어서 짖는다. 또한, 식사나 산책, 놀이 등 자신이 좋아하는 것을 마음대로 하고 싶어서 주인이 상대해 주길 바라며 주인을 보고 짖으면서 요구한다.

대처 방법
아무리 짖어도 철저하게 무시해서 포기하게 만든다

※ 그 밖의 대처법으로 눈치 채지 못하게 개가 싫어하는 일을 해서 '이것을 하면 무서운 일이 일어난다'고 개에게 인식시키는 벌을 주는 방법도 있다. 주인이 하는 것을 알면 그냥 체벌이 되므로 개가 모르게 해야 한다.
예) 스프레이로 물을 뿜는다, 빈 깡통을 뒤로 던져 큰 소리를 낸다.

어떤 상황에서 짖을까?

- **모르는 사람이 왔을 때**
  배달원이나 손님 등 모르는 사람에 대한 경계심 때문에
- **밥을 먹고 싶을 때**
  먹고 싶다는 요구와 본능, 먹고 싶은데 먹지 못하는 조바심 때문에
- **배설하고 싶을 때**
  화장실에 가고 싶은 욕구, 또한 '그냥 싸버렸다' 는 신호를 보내려고
- **주인과 놀고 있을 때**
  흥분해서 장난감을 던지라는 요구 때문에

- **산책 가고 싶을 때**
  과거에 계속 짖었더니 잠시 후에 산책에 데려가 주었으므로 다시 요구하면서
- **갑자기 무슨 소리를 들었을 때**
  전화나 인터폰, 불꽃놀이 등 갑작스런 소리에 대한 경계와 공포심 때문에
- **다른 개를 보았을 때**
  흥미가 있어 짖어 보거나 다른 개에 대한 경계나 공포심 때문에
- **집 지킬 때**
  주인이 없는 데 대한 고독함과 슬픔 때문에

짖는 소리를 파악한다

멍멍(짖는 소리)
예) 주목 「멍멍!」 (이쪽이요, 날 좀 봐요)
예) 「멍멍멍멍……」 (짖는 것을 좋아함)

으르렁~(신음 소리)
예) 공격적 「으르렁~」
(오지 마, 다가오지 마!)

깽, 깽(비명)
예) 자기 방어 「캥캥」 (무서워요~)

킁킁, 히~히~(콧소리)
예) 의존증 「킁킁」 「히~히~」
(싫어~, 빨리 돌아와~)

우~오(멀리 짖기)
예) 위치 확인 「우~오」
(여기 있어요~)
예) 다른 개가 멀리서 짖는 것에 대한 화답
예) 구급차 등의 사이렌에 대한 반응

Chapter 04 문제견에 대한 **고민 해결**

다른 개를 보면 짖는다

짖는다
1

💡 **반려견의 관심을 주인에게 집중시킨다**

산책 중에 다른 개를 보면 무서워서 짖을 때가 있다. 이 행동을 못하게 하려면 다른 개가 지나갈 때까지 주인의 지시에 따라 기다리거나, 그 장소에서 피하도록 유인하는 방법이 있다. 여기서는 주인의 지시에 집중시켜 다른 개가 지나갈 때까지 기다리게 하는 훈련이다. 다른 개한테 가까이 가려고 해도 주인의 지시 없이는 못 간다는 것을 인식시켜야 한다. 다른 개와 시선이 마주치지 않도록 주인이 사이에 선다.

● 훈련 방법

1 「앉아」를 지시한다

다른 개를 만나면 짖기 전에 「앉아」, 「기다려」를 지시한다. 시선 맞추기로 주인에게 주목시킨 다음 「앉아」, 「기다려」를 시켜서 개를 안정시킨다. 간식 같은 것으로 유도하는 방법도 있다.

NG 짖는다고 안아주지 않는다

다른 개를 만났을 때 개가 짖는다고 안아주면 안 된다. 그렇게 하면 개는 안아달라고 하고 싶을 때 짖으면 된다고 오해한다. 중대형견도 안아준다고 짖는 행동을 멈추지 않기 때문에 문제를 해결할 수 없다.

2 지나가기를 기다린다

주인한테 주목시키고 「앉아」, 「기다려」 상태에서 다른 개가 지나가기를 기다린다. 주인은 개들 사이에 선다.

3 지나가면 칭찬한다

짖지 않고 얌전하게 다른 개가 지나가기를 기다리면 칭찬한다. 짖지 않는 행동이 좋은 행동이라는 것을 인식시킨다.

사람을 보고 짖는다

짖는다 2

💡 사회성 부족으로 짖는다

개가 사람을 보고 짖을 때는 경계심 때문에 짖는 경우와 짖는 것 자체가 좋아서 짖는 경우가 있다. 특히 모르는 사람을 보면 경계심이 생겨 무서워서 짖는 경우가 많다. 이런 행동의 원인은 강아지 때 사람이나 물건을 많이 접하지 못해서 사회화 경험이 부족해서 나타난다. 이럴 때는 다른 개를 보고 짖을 때처럼 주인의 지시로 주의를 끌어 시선을 컨트롤한다. 당황해서 리드줄을 당기거나 큰소리로 야단치면 안 된다.

● 훈련 방법

짖기 전에 먼저 「앉아」를 지시한다

주인 이외에 모르는 사람을 만나면 개에게 「앉아」, 「기다려」를 시켜서 얌전하게 만든 후 그 사람이 지나가기를 기다린다. 그렇게 하려면 산책할 때 주인은 항상 주변 상황을 잘 살펴야 한다. 개가 잘 하면 칭찬해준다.

NG 짖는다고 리드줄을 당기거나 체벌은 금물

리드줄을 당기거나 때리는 시늉을 하면 개는 아무것도 배울 수 없다. 오히려 사람을 만나면 맞는다는 나쁜 인상을 갖게 될 뿐이므로 점점 더 공격적으로 변한다.

사람한테 익숙해지도록 길들인다

도와줄 사람을 찾아 사료를 주도록 부탁해서 사람에 대한 나쁜 인상을 바꾸도록 연습한다. 사료를 줄 때는 다음 사항에 주의하자.
- 개의 머리 위에서 손을 내밀지 않는다.
- 몸을 낮춰 개의 키에 맞춘다.
- 개와 눈을 마주치지 않는다.

Chapter 04 문제견에 대한 고민 해결

손님이 오면 짖는다

짖는다 3

손님이 개한테 상을 준다

손님이 오는 데 익숙하지 않은 개는 손님을 자신의 영역에 들어온 침입자로 간주하고 경계심 때문에 짖는다. 손님이 불편해 하지 않도록 해결 방법을 찾아야 한다. 갑자기 손님이 오면 손님이 안으로 들어오기 전에 개를 하우스에 넣거나 다른 방에 데려다 놓는다. 도움을 받을 수 있다면 손님이 개한테 상을 주어 경계심을 풀게 한다. 이렇게 차근차근 가족 이외의 사람들에게 적응시킨다.

훈련 방법

손님이 오면 하우스에 넣는다
갑자기 손님이 오거나 인터폰이 울리면 하우스에 넣거나 다른 방으로 데리고 간다.

NG 갑자기 개를 손님에게 안겨주지 않는다
주인과 친하고, 협조적인 손님이라도 갑자기 개를 안겨주면 안 된다. 모르는 사람이기 때문에 개가 경계심을 갖고 짖거나 물 위험이 있다.

1 손님에게 적응시킨다
손님이 도와줄 수 있다면 개를 하우스에서 꺼내 리드줄을 걸고 안아서 현관으로 간다. 먼저 손님에게 사료를 준다.

2 손님이 사료를 주게 한다
개가 안정된 상태에서 손님이 개한테 사료를 주게 한다. 개가 먹으면 칭찬한다.

짖는다 4

관심 끌기 위해 짖는다

짖기를 멈출 때까지 무시한다

개는 원하는 것을 이루기 위해, 또는 주목을 끌기 위해 짖는 경우가 있다. 예를 들어, 놀이나 산책을 요구할 때나, 주인이 통화 중일 때 또는, 가족끼리 화목한 시간을 보낼 때 주목받고 싶어서 계속 짖는다. 그럴 때마다 개의 요구에 응해주면 안 된다. 주인이 할 일이 있으면 그 일이 우선이라는 사실을 인식시켜야 한다. 개가 요구를 들어달라고 짖을 때는 무시한다. 요구에 응하지 않으면 개도 포기하고 짖기를 멈춘다.

훈련 방법

1 짖어도 가만히 무시한다
개가 주인한테 놀아달라고 짖을 때는 철저히 무시한다. 말을 걸어서도 안 된다.

NG 계속 짖어도 관심을 보이지 않는다
개가 계속 짖어서 시끄럽다고 요구에 응해주면 안 된다. 계속 짖으면 요구를 들어준다고 생각하기 때문이다.

2 짖기를 멈추면 관심을 보인다
개가 진정하고 짖지 않으면 주인의 상황에 따라 관심을 보여도 괜찮다. 개가 얌전히 있고, 주인이 시간이 있으면 관심을 가져준다.

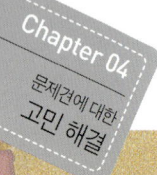

문다 물어뜯는다

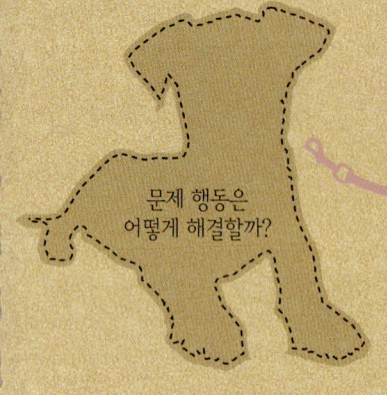

문제 행동은 어떻게 해결할까?

물거나 물어뜯는 행동에도 여러 가지 의미가 들어 있다. 그냥 노느라고 장난치면서 그러기도 하고, 공포심이나 경계심 때문에 그렇게 행동하기도 한다. 먼저 개의 모습이나 상황을 보고 그 의미를 알아내야 한다.

강아지가 장난으로 물거나 방어본능에서 진짜로 문다

사람이 물건을 들거나 어떤 작업을 할 때는 손을 쓴다. 개는 입이 그 역할을 한다. 나아가 사람의 입과 마찬가지로 개도 입으로 자신의 의사를 표현한다.

무엇인가를 물거나 물어뜯는 행위는 크게 두 가지 종류가 있다. 하나는 장난으로 무는 행동으로 다른 개나 사람을 장난삼아 가볍게 무는 행동이다. 다른 하나는 진짜로 무는 행동이다.

장난으로 무는 행동은 상대방과 커뮤니케이션을 하고 싶거나 자기에게 관심을 가져달라고 요구하는 경우, 또는 상대방과의 서열 관계를 시험해보는 것이다. 이에 주인이 응해주면 개는 점점 더 흥분하게 된다. 진짜로 무는 행동은 지배하고자 하는 마음이 강할 때나 두려움을 쫓기 위해 자신을 방어할 때 나타난다.

그 밖에 선천적으로 무는 기질을 타고나거나 기르는 방법에 문제가 있어서 무는 버릇이 생기기도 한다. 개가 물어뜯으면 안 되는 물건은 개가 닿는 곳에 두지 말고, 그 대신 물어도 괜찮은 장난감 같은 것을 준다. 또 강아지 때부터 훈련을 시켜서 진짜로 물지 않게 가르쳐야 한다.

물고, 물어뜯는 행동의 종류를 알아보자

장난으로 물기

주로 강아지가 장난으로 사람의 손발이나 머리카락을 물거나, 다른 개와 놀면서 장난으로 가볍게 무는 경우이다. 좀 더 놀고 싶을 때, 관심을 끌고 싶을 때, 상대방의 힘을 시험해보고 싶을 때, 눈에 띄는 물건을 호기심에 물어서 확인할 때 이런 행동을 볼 수 있다.

⚠ 해결 방법 — 물어도 되는 애견용 장난감을 준다

물기 좋고 먹어도 소화할 수 있는 개껌을 추천한다. 부드러운 인형은 금방 너덜너덜해지고, 나무로 된 장난감은 깎아서 먹게 될 위험이 있다.

개껌
소가죽 같은 것을 압축해서 만들어 씹는 재미가 있는 간식. 오랜 시간 물어뜯으면서 놀 수 있다. 여러 가지 모양이나 재료가 있으므로 개가 좋아하는 것을 고른다.

진짜로 물기

● **두려움을 쫓기 위해 문다**

브러싱이나 귀청소를 할 때처럼 몸을 만지려고 하면 달려들어 무는 경우가 있다. 사람이 만지는 것에 익숙하지 않아서 두려움에서 벗어나기 위해 문다.

● **지배하고자 하는 마음이 강할 때 문다**

자신의 소유물을 뺏길 것 같거나 영역을 침범당할 것 같을 때, 자신이 리더라고 믿고 있을 때 무는 행동이 많이 나타난다.

⚠ 해결 방법 — 어렸을 때부터 훈련해서 사람이 만지는 것에 길들인다

강아지 때부터 장난으로라도 물지 않게 훈련한다. 또한 사람이 만지는 것에 익숙해지는 것이 중요하다. 혼자서 해결하기 어렵다면 전문가와 상담하는 것도 좋은 방법이다.

강아지는 어떨 때 물까?

- 생후 50일 정도부터 물기 시작한다. 유치가 나기 시작해서 영구치로 바뀔 무렵.
- 생후 6~8개월이 되면 더 세게 문다. 자아가 형성되기 시작하고 영구치도 다 날 무렵.

특히 생후 3~4개월부터는 이갈이를 하는 시기여서 입 안이 근질근질해 잘 문다. 강아지는 호기심이 많아서 뭐든지 입에 넣기 때문에 그대로 두면 성견이 되어서도 무는 버릇이 남는다.

Chapter 04 문제견에 대한 고민 해결

물건을 물어뜯는다

문다 물어뜯는다 1

훈련 방법

물면 안 되는 물건은 치운다
개가 닿을 만한 곳에 중요한 물건이나 망가지면 안 되는 물건, 위험한 물건은 두지 않는다. 닿지 않는 곳에 치워놓거나 다른 방에 옮겨놓는 등 주변을 잘 정리한다. 개의 입장에서는 눈앞에 있는 모든 물건이 장난감이라는 사실을 기억하자.

가까이 가지 못하게 한다
가구처럼 움직일 수 없는 물건에는 그 앞에 선반을 놓아 막거나 막음판을 대서 개가 물어뜯지 못하게 한다. 또는 개가 싫어하는 물음방지 스프레이를 뿌린다. 도저히 개에게 신경 쓸 여유가 없을 때는 개를 자유롭게 풀어놓지 말고 하우스나 서클에 넣고 장난감을 가지고 놀게 한다.

※ **물음방지 스프레이**
개가 물면 안 되는 물건에 뿌린다. 물음방지 스프레이는 개가 싫어하는 냄새나 맛이 나는 무해한 액체이다.

물어뜯기 전에 대책을 세운다

개는 원래 물고 싶어하는 욕구가 있다. 그렇기 때문에 눈앞에 보이는 물건에 호기심이 생겨 물거나 물어뜯는 행동은 매우 자연스러운 행동이다. 개의 입장에서 보면 집 안에는 슬리퍼나 양말, 쿠션, 가구 등 물고 싶은 물건이 수두룩하다. 그렇다고 마음대로 물게 그냥 둘 수는 없다. 하지만 아무것도 못 물게 하면 개는 욕구불만이 되어 스트레스를 받는다. 개한테 물어도 되는 것만 주고, 다른 것은 물지 못하게 훈련해야 한다.

물어도 되는 물건과 교환한다

소가죽으로 만든 개껌이나 장난감 등 개가 물어도 되는 물건을 준다. 개가 그것을 물고 있을 때는 반드시 칭찬해서 '물어도 되는 것을 무는 것은 좋은 일이다'라고 인식시킨다. 단, 너무 많이 주면 싫증이 나서 효과가 반감될 수 있으므로 주의한다.

물어도 되는 물건
- 개껌
- 개 장난감(공, 소리 나는 장난감, 튼튼한 헝겊인형, 고무로 만든 장난감 등)

물고 있는 물건을 갑자기 빼앗지 않는다

개가 물고 있는 물건을 갑자기 뺏으려고 하면 개는 그것을 되찾으려고 한다. 또한 물건을 물고 있는 개를 쫓아가는 것도 역효과. 재미있어서 더욱 놓지 않는다. 이럴 때는 장난감과 교환하거나 큰소리로 놀라게 해서 떨어뜨리도록 한다.

사람 손을 문다

Chapter 04
문제견에 대한
고민 해결

문다
물어뜯는다
2

훈련 방법

강아지가 장난으로 무는 행동에 관심을 보이지 않는다

강아지가 장난으로 무는 것이 귀엽다고 관심을 보이거나 만지거나 하지 말 것. 너무 관심을 보이면 강아지의 버릇만 나빠진다. 강아지 앞에 손을 두지 말고, 장난으로 깨물어도 손을 빼든지 다른 장난감으로 관심을 돌린다. 강아지를 너무 귀여워하거나 지나친 관심은 보이지 않는게 좋다.

물기 전에 「앉아」를 지시하여 빈틈을 보이지 않는다

주인이나 사람에게 달려들려고 하면 먼저 「앉아」를 지시해서 개의 행동을 신속하게 저지하여 물 틈을 주지 않는 것이 중요하다. 개가 사람을 물려는 이유는 사람과 개의 주종관계가 뒤바뀌어 개가 리더가 되어 있기 때문인 경우가 많다. 「앉아」나 「기다려」 훈련으로 주인이 리더라는 사실을 인식시킨다.(◑p.116)

사람한테 갑자기 달려들어 물지 않도록 서로 신뢰 관계를 쌓는다

사람의 손이나 발을 무는 것도 장난으로 살짝 깨무는 경우와 싫은 일을 참을 수 없거나 마음에 들지 않아서 무는 경우가 있다. 강아지가 장난으로 무는 행동은 어렸을 때부터 훈련을 해서 진짜로 물지 않도록 가르쳐야만 한다. 개가 뭔가 항의하기 위해 사람에게 달려들 때는 주인과의 신뢰 관계가 형성되지 않았기 때문인 경우가 많다. 「앉아」나 「기다려」 훈련으로 개의 복종심을 길러 사람에게 달려들지 않게 하자.

싫어하는 냄새를 묻힌다

개가 너무 심하게 장난을 치면서 달라붙을 때는 손목 밴드에 개가 싫어하는 냄새를 묻힌 다음 손목에 찬다. 그렇게 하면 사람 손은 갖고 노는 것이 아니라는 사실을 알게 된다. 개를 만질 때는 차고 있는 것을 뺄 것. 직접 손에 냄새를 묻히면 개가 손 자체를 싫어하게 되어서 만질 수 없게 된다.

물어도 괜찮은 물건을 준다

작은 장난감은 개가 삼킬 위험이 있으므로 크기에 맞는 장난감을 준다. 물건을 물어뜯을 때와 마찬가지로 개가 물어도 좋은 물건을 주고, 그것을 물고 있을 때는 칭찬한다.

NG 물려도 당황해서 움직이거나 때리지 않는다

강아지가 물었을 때 당황해서 소란을 피우면 안 된다. 소란을 피우면서 억지로 뿌리치면 개는 주인과 논다고 착각하여 필요 이상으로 흥분해버린다. 강아지에게 물리면 강아지가 좋아하는 장난감이나 간식을 주어 강아지의 주의를 다른 곳으로 돌린다.

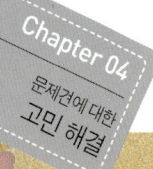

대소변을 가리지 못한다

문제 행동은 어떻게 해결할까?

개가 화장실 훈련을 마스터하기까지 너무 조급하게 서두르면 안 된다. 실패하면 혼내거나 소란을 피우기 쉽지만 그 상황을 잘 참고 끈기 있게 가르치는 것이 성공을 위해 중요하다.

💡 대소변 가리기를 익힐 때까지는 끈기 있게, 실패해도 너그럽게

대소변을 가리지 못하면 주인한테는 큰 골칫거리가 아닐 수 없다. 함께 사는 환경이나 개의 성격에 따라 마스터하는 시간이 다르지만 화장실 사용법을 제대로 익히는 데는 상당한 시간이 걸린다. 그만큼 대소변 가리기를 빨리 가르쳐야 사람과 개의 생활이 더욱 쾌적해진다. 그러므로 화장실 훈련은 강아지가 집에 온 날부터 바로 시작하는 것이 기본이다. 그렇다고 조급해하는 것은 금물이다. 주인은 개가 화장실에 완전히 익숙해질 때까지 끈기 있게 가르쳐야 한다.

실패했을 때 당황해서 「여기서 하면 안 돼」라고 혼내봤자 개는 알아듣지 못한다. 오히려 배설하는 행동 자체를 나쁘게 받아들여 숨어서 배설하기 시작하면 화장실 사용법을 마스터하기 어렵다. 실패하지 않도록 배려해서 화장실 사용법을 익혀 대소변을 가리면 칭찬해주자. 성공을 많이 체험해보는 것도 중요하다. 강아지가 실패하지 않으려면 화장실을 항상 깨끗하게 해주어 화장실 사용을 습관 들이는 것이 중요하다. 화장실 훈련에 성공하기 위한 열쇠는 바로 주인의 끈기와 너그러움이다.

다시 한 번 체크, 화장실 훈련의 실패

1 실패했을 때 꾸짖는다
야단을 맞으면 배설을 나쁜 행동이라고 생각하게 되어 참거나 주인 몰래 배설하기도 하고, 변을 먹는 습관도 생길 수 있다. 그러므로 실패해도 야단쳐서는 안 된다.

2 실패할 때마다 소란을 피운다
실수했을 때 주인이 소란을 피우면 개는 자신에게 관심을 갖는다고 착각해서 일부러 오줌을 지리는 수도 있다. 실패하더라도 조용히 치운다.

3 화장실이 더럽다
개는 원래 깨끗한 것을 좋아한다. 화장실 시트를 더러운 채 놔두면 그게 싫어서 다른 곳에서 볼일을 본다. 더러운 시트는 빨리 교체한다.

4 사이즈가 맞지 않는다
화장실 사이즈가 개의 몸집과 거의 비슷하면 용변을 보기 어렵다. 개가 움직여서 자세를 잡고 느긋하게 배설할 수 있도록 여유 있는 공간이 필요하다. 나중에 몸집이 커져도 들어갈 수 있는 크기로 준비한다.

5 화장실에 데려가는 타이밍을 놓친다
배설 횟수가 많은 강아지도 성견이 되면서 횟수가 줄어든다. 그렇기 때문에 대소변 타이밍을 놓치게 되는 경우도 있다. 배설 패턴을 알기 위해 시간을 기록하면 타이밍을 짐작할 수 있어서 편리하다.

훈련 방법

1. 완전히 익힐 때까지는 눈을 떼지 않는다

빨래하고 있을 때나 전화 통화를 하는 잠깐 동안에 대소변을 배설하는 경우가 많기 때문에, 개가 완전히 화장실 사용법을 익힐 때까지는 개한테서 눈을 떼지 않는다. 단, 너무 의식해서 뚫어지게 쳐다보면 개가 집중하지 못하므로 주의한다. 배설하는 모습도 계속 쳐다보지 않는다. 개는 자신의 잠자리에서 배설하지 않는 습성이 있으므로 어쩔 수 없이 개와 떨어져 있어야 할 때는 하우스에 넣어두는 것이 훈련에 도움이 된다.

2. 잘 하면 칭찬해준다

화장실에서 배설을 하면 화장실 안에서 부드럽게 칭찬하고 상을 준다. 배설한 일에 대해 칭찬받는다는 것을 개한테 인식시키기 위해 그 자리에서 바로 칭찬할 수 있게 준비할 것. 용변 후에는 개와 함께 놀아주어 「화장실에서 배설하면 즐거운 일이 있다」는 것을 인식시켜야 한다.

> ⚠ **몸에 이상이 생겨서 대소변을 실수할 수도 있다!**
>
> 화장실에서 배설을 잘 하다가 갑자기 실패하는 경우에는 질병이 아닌지 의심해봐야 한다. 관절염이나 노화로 인해 몸이 생각대로 움직이지 않아 화장실 있는 곳까지 못 가고 실수할 수도 있기 때문이다. 또한, 변비로 인한 통증 때문에 볼일 볼 때 움직이다가 화장실을 벗어날 수도 있다. 상태가 이상하면 동물병원에 데려가 진찰 받는다.

기뻐서 소변을 지릴 때의 **훈련 방법**

주인을 좋아하고 사람을 좋아하는 개는 주인이 집에 돌아왔을 때나 손님이 왔을 때 너무나 기쁜 나머지 흥분해서 오줌을 싸는 경우가 있다.

① 평소에 화장실에서 소변을 완전히 배출시킨다
평소에 기쁘다고 소변을 지리는 개는 미리 화장실에서 소변을 완전히 배출할 수 있도록 도와준다.

② 기분 좋아지는 말로 소변을 완전히 배출시킨다
화장실에 넣고 기분이 좋아지도록 말을 걸거나 상대를 해주어서 소변을 전부 배출할 수 있게 도와준다. 배설이 끝나면 칭찬해주고 화장실에서 꺼내준다.

화장실 시트를 물어뜯는 개는 장난감이나 놀이로 스트레스를 해소시킨다

주인이 집에 없거나 놀아줄 사람도 없고 물건도 주변에 없을 때, 심심해서 화장실 시트를 장난감 삼아 노는 개도 있다. 놀고 싶은데 놀 수 없고, 물어뜯고 싶은데 그럴 것이 없다는 스트레스가 원인이다. 애견용 장난감을 주어 화장실 시트로 놀지 못하게 하자.

Chapter 04 문제견에 대한 고민 해결

땅에 떨어진 음식을 먹는다

문제 행동은 어떻게 해결할까?

단순히 개가 먹는 것을 좋아해서 버려진 음식을 먹는다고 내버려두면 안 된다. 반려견의 건강을 생각하여 못 먹게 훈련시켜야 한다.

관심을 다른 것으로 끌어서 음식을 먹지 않게 한다

원래 개는 호기심이 왕성하고 먹는 것을 좋아하기 때문에 산책 도중 뭔가를 입에 넣고 우물우물하는 것을 본 적이 있을 것이다. 그럴 때 원래 먹는 걸 좋아해서 그런다고 방치하면 안 된다. 보기에도 안 좋을 뿐 아니라 썩은 것, 독극물, 먹을 수 없는 것까지 입에 넣어서 건강을 해칠 수 있기 때문이다. 개의 건강을 위해서라도 버려진 음식을 먹지 못하게 해야 한다.

왜 개는 땅에 떨어져 있는 것을 먹으려 할까? 이유는 주인과 산책하는 일에 집중하지 않고 산책을 즐기지 않기 때문이다. 물론 자라온 환경이나 기르는 방식, 성격과도 관계가 있지만, 산책보다 주변에 있는 다른 것에 마음이 더 끌리기 때문이다.

이를 막기 위해서는 우선 기본적인 걷기 훈련을 철저히 마스터해야 한다. 함께 걸을 때는 리드줄을 짧게 잡고 여기저기 돌아다니지 않고 똑바로 걸어야 한다.(⊙p.106~p.107)

주인은 먼저 산책 코스를 잘 살펴보면서 개가 관심을 가질 만한 것이 발견되면 그 옆을 지나갈 때는 개한테 말을 걸어 관심을 돌린 다음 그냥 지나친다.

훈련 방법

1 말을 걸어 주인에게 주목시킨다

땅 위에 무엇인가 떨어져 있으면 개에게 말을 걸어 관심을 끈다. 경우에 따라서는 산책 코스를 바꾸어도 좋다.

2 그 자리를 그냥 지나친다

「이리 와」를 지시하거나 이름을 불러 주인에게 주목시켜 땅에 떨어져 있는 것을 그냥 지나쳐버린다. 말을 걸어도 잘 안 들을 경우에는 간식 등을 이용해 유도한다. 버려진 것을 먹지 않으면 칭찬한다.

NG

1. 리드줄을 당기지 않는다

개는 사람이 잡아당기면 자기도 같이 당기는 습성이 있다(○p.160). 그러면 결국 서로 당기게 되므로 문제가 해결되지 않는다.

2. 떨어져 있는 것을 다른 곳으로 던지지 않는다

떨어져 있는 것을 다른 곳으로 던지면 개가 그 쪽에 관심을 갖게 되어 공놀이를 할 때처럼 쫓아가려고 한다.

Chapter 04
문제견에 대한 고민 해결

자전거나 오토바이를 쫓아간다

문제 행동은 어떻게 해결할까?

평소에는 얌전한데 자전거나 오토바이를 보면 뛰기 시작하거나 심하게 짖는 개가 있다. 이렇게 개의 습성 때문에 나타나는 행동을 바로잡으려면 주인이 끈기 있게 훈련시켜야 한다.

움직이는 것을 쫓아가는 개의 습성을 컨트롤한다

개는 눈앞에서 움직이는 물체를 쫓아가는 습성이 있는데 이는 사냥감을 쫓는 사냥본능이 남아 있기 때문이다. 산책하다가 뒤에서 달려오는 자전거나 오토바이를 보면 갑자기 쫓아가는 것은 이러한 개의 습성 때문이다. 새나 고양이, 굴러가는 공을 쫓아가는 것도 마찬가지 이유이다. 이런 행동을 그대로 내버려두면 부딪치거나 부상을 입는 사고를 당할 수 있다.

그렇다고 타고난 본성에서 나오는 행동을 완전히 없앨 수는 없다. 여기서 주인이 할 일은 위험한 상황에 놓이지 않도록 개의 행동을 컨트롤하는 것이다. 자전거나 오토바이를 쫓아가려고 해도 주인의 지시에 따라 바로 멈추면 문제가 없다. 위험을 예방하여 문제를 크게 만들지 않는 것이 중요하다.

단, 개의 습성 때문에 생기는 문제 행동은 한 번의 훈련만으로는 고치기 힘들다. 또 한 번 해냈다고 해서 안심할 수도 없으므로, 산책 중에는 항상 주의해야 하고, 주변 사람의 도움을 받아 쫓아가지 않도록 훈련해야 한다.

훈련 방법

「앉아」, 「기다려」를 지시한다

자전거를 보고 쫓아가려고 하면 「앉아」 또는 「기다려」를 지시하여 개를 안정시킨다. 그 상태로 자전거가 지나가기를 기다렸다가 잘 참으면 반드시 칭찬해주고 상을 준다.

⚠ 다른 사람의 도움을 받아 연습한다

산책할 때 고치려고 해도 잘 안 될 때는 가족이나 친구에게 부탁하여 자전거를 타고 지나가게 해서 연습한다. 넓고 안전한 장소에서 여러 번 해보면 효과가 있다.

NG 리드줄을 길게 잡지 않는다

리드줄이 길면 개가 그만큼 자유롭기 때문에 개의 움직임을 컨트롤하기 힘들다. 그래서 주인이 개한테 끌려다니다 넘어질 수 있을 뿐 아니라 주위에도 피해를 줄 수 있다. 차나 사람의 통행이 많은 곳에서는 리드줄을 짧게 잡는다.

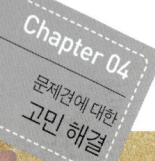

리드줄을 끌어당긴다

리드줄을 끌어당기면서 제멋대로 앞장서는 개는 다닐 때 위험할 뿐 아니라 자신이 리더라고 착각하기도 한다. 주인이 주도권을 잡고 있다는 사실을 다시 인식시켜서 끌어당기지 못하게 훈련한다.

주인을 끌어당기는 개는 자신이 리더라고 착각한다

산책 중에 반려견이 리드줄을 힘차게 끌어당기면서 앞장서는 모습을 보고 힘이 넘쳐서 좋다고 생각하지는 않았는지? 하지만 대부분의 경우 개가 리드줄을 끌어당기는 것은 자신이 리더라고 믿고 있다는 증거이다. 산책의 주도권을 개에게 쥐어준 셈이다.

이는 비단 산책 중에 국한된 이야기가 아니다. 자신이 리더라고 생각하는 개는 주인의 말을 듣지 않으며, 신뢰 관계도 점점 무너져버린다. 그렇게 되기 전에 주인과 반려견의 관계를 다시 점검해야 한다.

먼저 산책하는 방법을 다시 한 번 체크하자. 산책은 주인이 리더이고 주도권을 잡고 있다는 것을 인식시키는 기본 행동이다. 리드줄을 끌어당기면서 제멋대로 앞장서는 개한테는 개가 가려는 반대방향으로 되돌아가거나, 그 자리에 멈춰 서서 개가 바라는 대로 되지 않는다는 것을 가르쳐야 한다. 또한, 평소에도 줄을 끌어당기지 못하게 하려면 바르게 걷고 있는지(○p.106·p.107)도 체크해본다.

끌어당기는 버릇을 고치는 것은 주인에 대한 복종심을 기르는 것과도 연결된다.

끌어당기는 원인을 체크하자

1 무리를 이끌려는 리더 의식
개는 주인과 자신을 하나의 무리로 보고 산책을 무리의 이동이라고 생각한다. 주인과의 사이에 신뢰가 쌓여 있지 않으면 개는 자신이 리더라고 착각하고 스스로 무리를 이끌려고 한다.

2 시각이나 후각에서 오는 사냥 본능
개는 눈앞에서 움직이는 물체를 쫓아가거나, 여기저기 냄새를 맡으면서 걸으려고 한다. 이는 사냥감을 찾는 사냥 본능에서 나오는 행동이다.

3 놀이나 산책을 하고 싶은 욕구
놀고 싶거나 산책으로 몸을 움직이고 싶은 욕구가 강해졌을 때 주인을 끌어당긴다. 평소에 운동이 부족하여 에너지를 발산하려는 상태이다.

끌어당기는 버릇을 방치하면 위험하다!

1. 사람이 다칠수 있다
개가 갑자기 끌어당겨서 주인이 넘어지거나, 지나가는 다른 사람이나 물건에 부딪쳐 다치거나 피해를 줄 수 있다. 특히 중대형견은 힘이 세기 때문에 갑자기 끌어당기면 큰 부상을 당할 수 있다.

2. 산책이 피곤해진다
주인이 생각하는 대로 개가 움직이지 않으면 여기저기 끌려 다닌 나머지 주인이 지칠 뿐 아니라 마음도 불안해진다.

3. 다른 문제 행동의 원인이 된다
개가 제멋대로 행동하면 버려진 음식을 먹거나 냄새 맡기, 달려들기 등과 같은 다른 문제 행동을 일으킬 수 있다.

훈련 방법

1. 개가 끌어당기면 180° 회전한다

개가 앞으로 끌어당기려고 하면 개가 가려는 반대방향으로 틀어 그대로 멈춘다. 개가 가고 싶은 곳에 못 가고 주인 뒤를 따라가야 한다는 사실을 인식시키기 위해서다.

2. 개가 스스로 돌아오기를 기다린다

개가 끌어당겨도 주인은 그대로 멈춰 서서 움직이지 말 것. 이때 개를 쳐다보면 안 된다. 개가 포기하고 주인 있는 곳으로 돌아올 때까지 참고 기다린다.

「앉아」, 「기다려」를 지시한다

훈련이 되어 있다면 시선 맞추기를 해서 주인에게 주목시킨 후 「앉아」, 「기다려」를 지시한다.

서로 끌어당기지 않는다

개가 크면 힘이 세서 마음대로 안 된다. 또한 개는 사람이 끌어당기면 자기도 같이 당기기 때문에 끌어당기는 버릇이 더욱 심해진다.

평소에도 끌어당기지 못하게 하는 훈련

리드줄을 짧게 잡고 옆에 붙어서 걷는다

개가 멀리 가지 못하도록 리드줄을 짧게 잡는다. 걸을 때는 개 옆에 붙어서 걷는다.

장난감이나 간식을 이용해 이름을 부르면서 걷는다

장난감이나 간식 등 개가 좋아하는 것을 이용하여 관심을 끌면서 걷는다. 주인에게 주목하도록 때때로 개의 이름도 불러준다.

Chapter 04 문제견에 대한 **고민 해결**

사람한테 달려든다

문제 행동은 어떻게 해결할까?

산책 중에 다른 사람한테 달려들거나 집에 돌아온 주인에게 달려드는 행동은 부상이나 사고로 이어질 수 있다. 문제를 일으키지 않고, 개가 주인보다 위라고 착각하게 만들지 않으려면 달려들 때 무시해야 한다.

기뻐서 달려드는 행동이 사고의 원인이 될 수 있다

집에 돌아왔을 때 반려견이 달려와 뛰어오르면 주인으로서는 기분이 좋다. 하지만 이 행동에 응해주는 것은 좋지 않다. 한 번 달려드는 것을 용납하면 손님이 왔을 때나 산책 중에 지나가는 사람에게 달려들고, 나아가 주인의 말을 듣지 않는 버릇없는 개가 되고 만다.

개가 달려드는 행동에는 몇 가지 의미가 있다. 반갑다는 환영의 표시, 상대에 대한 방어 본능, 상대를 시험해서 자기보다 서열이 위인지 아래인지를 확인하는 것이다.

대형견은 힘도 세고 일어서면 사람과 비슷할 정도로 큰 개도 있기 때문에 상대를 다치게 할 우려가 있다. 소형견도 달려들어 상대방의 옷을 더럽힐 수 있기 때문에 남에게 피해를 주지 않기 위해서라도 달려드는 것을 막아야 한다. 그러기 위해서는 우선 달려들어도 무시하고 개에게 관심을 보이지 않은 다음, 「앉아」, 「기다려」로 개를 진정시켜야 한다.

주인이나 가족 이외의 사람한테도 이런 행동을 할 수 있으므로 도와줄 사람이 있으면 함께 훈련하여 도움을 받으면 효과적이다.

달려드는 원인을 알아보자

1 기쁨
주인이 집에 돌아온 것이 기뻐서 개가 환영하는 의미로 달려드는 경우로 인사를 하는 행동이다. 사람을 좋아하거나 주목받고 싶을 때에도 이런 행동을 한다.

2 상대와 힘겨루기
상대와 힘을 겨루기 위해 달려드는 경우로, 힘센 자가 약한 자에게 힘을 보여주는 행위이다.

3 자신의 영역 지키기
모르는 사람을 자신의 영역에 들어온 침입자로 간주하고 영역을 지키려는 본능에서 달려들기도 한다. 산책할 때도 마찬가지로 지나가는 사람을 외부의 적으로 보고 달려든다.

4 분리 불안
주인이 집에 돌아왔을 때 개가 달려드는 것은 주인을 기다리다 지쳤으니 안아달라는 것이다. 이를 상대해주면 개는 혼자 집을 볼 수 없게 되며, 분리 불안이라는 스트레스를 받게 된다.

달려드는 행동은 왜 위험한가?

1. 사람이 다칠 수 있다
어린아이나 노인들은 개가 달려들면 넘어질 우려가 있다. 대형견이 힘차게 달려들면 어른도 위험하다.

2. 개의 허리에 부담을 준다
4개의 다리로 걷는 개가 2개의 다리로 일어서면 신체 균형이 깨지는 것은 당연하다. 불안정한 자세가 허리에 부담을 줘서 다칠 수도 있다.

3. 자신이 리더라고 착각한다
개가 자신이 리더라고 착각하고 길에 떨어진 것을 먹거나 냄새 맡기, 달려들기 등 제멋대로 하는 문제 행동이 점점 심각해진다.

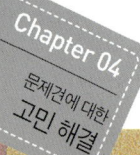

Chapter 04
문제견에 대한 **고민 해결**

사람한테 달려든다 1

주인이 집에 돌아올 때 달려든다

훈련 방법

1 무시하고 등을 돌린다

집에 돌아왔을 때 현관에서 개가 달려들어도 관심을 보이지 않는다. 눈도 마주치치 말고, 말도 걸지 말고 등을 돌리고 무시할 것. 그렇게 개가 조용해질 때까지 기다린다.

2 「앉아」, 「기다려」를 지시한다

개가 조용해지면 「앉아」, 「기다려」를 지시해서 앉힐 것. 또한 달려들려고 하기 전에 여유가 있으면 「앉아」로 앉힌 후 개를 안정시켜도 좋다.

앉아

3 「앉아」를 잘하면 칭찬해준다

개가 얌전하게 앉으면 칭찬하면서 쓰다듬어준다. 칭찬할 때는 현관이나 방에 돌아가서 칭찬해도 된다.

 **NG** 달려드는 개를 안아준다

집에 돌아와서 달려드는 개를 끌어안고 좋아하면 언제까지나 이 버릇을 고칠 수 없다. 또한 시끄럽게 소란을 피우거나 놀라도 개는 주인이 기뻐했다고 생각할 뿐이다. 주인을 기다리기 힘들어지고, 외로워서 혼자 집을 볼 수 없게 되는 등 분리 불안으로 이어진다.

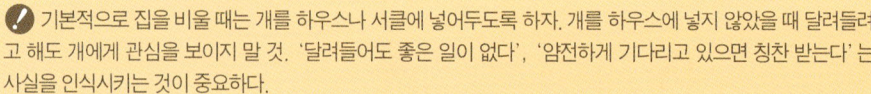

기본적으로 집을 비울 때는 개를 하우스나 서클에 넣어두도록 하자. 개를 하우스에 넣지 않았을 때 달려들려고 해도 개에게 관심을 보이지 말 것. '달려들어도 좋은 일이 없다', '얌전하게 기다리고 있으면 칭찬 받는다' 는 사실을 인식시키는 것이 중요하다.

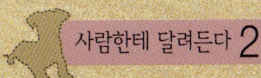

사람한테 달려든다 2
산책 중 지나가는 사람에게 달려든다

사람한테 달려든다 3
손님에게 달려든다

훈련 방법

1. 리드줄을 길게 잡지 않는다
리드줄을 길게 잡아 개가 자유롭게 움직일 수 있는 범위를 넓히지 말 것. 팽팽해지지 않을 정도로 여유를 두고 잡으면서 개의 행동을 제어한다.

2. 주인이 사이에 선다
개가 달려들 위험성이 있으면 다른 사람과 개가 스치지 않도록 주인이 그 사이에 선다.

3. 지나치기를 기다린다
다른 사람이 지나갈 때까지 시선을 맞추면서 「앉아」, 「기다려」를 지시하고 기다린다.

⚠ 산책할 때 개는 자신과 주인을 하나의 무리로 보고 리더 의식에서 무리를 지키려고 다른 사람에게 달려들기도 한다.

훈련 방법

손님이 개를 무시하게 한다
손님도 개한테 관심을 주지 않고 무시하면서 몸을 돌리게 한다. 집에 오기 전에 미리 부탁한다.

풀어놓지 않는다
손님이 오기 전에 개를 하우스나 서클에 넣어서 손님과 마주치지 않게 한다. 또한 리드줄을 고정시켜 움직일 수 있는 범위를 제한하는 방법도 있다.

⚠ 모르는 사람이 집에 왔을 때 자신의 영역을 지키려는 생각에 달려들기도 한다. 손님의 협조를 받아 개한테 무관심하도록 부탁한다.

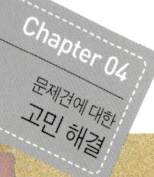

분리 불안

주인이 없을 때 나타나는 문제나 외출 전후의 이상한 행동은 혼자 집을 지키는 불안함이 개한테 얼마나 큰 스트레스를 주는지를 보여주는 증거이다.

너무 귀여워하면 집에 혼자 있지 못하는 개가 된다

주인과 잠시라도 떨어지면 심하게 불안해지는 현상을 '분리 불안'이라고 한다. 개는 사회성이 강하고 무리지어 생활했던 동물이기 때문에 혼자 있는 환경에 익숙하지 못하다. 때문에 개는 주인과 떨어지는 것만으로도 불안해진다. 특히 어린 강아지를 갑자기 오랜 시간 집에 혼자 두는 것은 무리이다.

주인이 항상 개를 지나치게 예뻐해주면 주인이 없을 때 불안감이 스트레스가 되어 문제를 일으킨다. 혼자 있을 때 쓰레기통을 엎어놓거나 대소변을 실수하면 분리 불안일 가능성이 크다.

개가 분리 불안을 느끼지 않고, 주인이 안심하고 외출하려면 평소에 개를 어떻게 다루는지가 중요하다. 오랜 시간 혼자서 집을 볼 수 있게 하려면 처음에는 짧은 시간부터 집 보기에 익숙해지도록 훈련해야 한다. 외출할 때는 인사를 하지 않고 나가서 개가 주인의 행동 패턴을 알아차리지 못하게 한다. 또한, 평소에 되도록 많은 사람이나 물건에 익숙해지게 하고, 때로는 가족 이외의 사람에게 맡기는 것도 하나의 방법이다.

주인이 개를 과잉보호하지 않고 평소에도 떨어지는 훈련을 하는 것이 분리 불안을 막는 가장 좋은 방법이다.

혼자 집을 보거나 주인이 집에 돌아왔을 때
이런 행동을 하지 않나요?

분리 불안에도 여러 종류가 있다. 전문적으로 분리 불안을 치료하려면 우선 전문가와 상담하는 것이 좋다.

1 물건을 물어뜯는다, 할퀸다, 망가뜨린다
집에 돌아와 보니 슬리퍼나 가구를 물어뜯었거나, 화장실 시트가 망가져있거나, 쓰레기통이 엉망이 되어 있다.

2 화장실이 아닌 곳에서 배설한다
평소에는 잘 하다가 혼자 집에 있을 때는 이상하게 화장실이 아닌 곳에서 배설을 한다.

3 집에 돌아오면 소변을 지린다
주인이 집에 돌아오면 기쁜 나머지 그 자리에서 소변을 지린다.

4 자신의 몸을 물거나 핥는다
개가 자신의 발가락 사이나 꼬리 부위를 핥아서 빨갛게 되거나, 물어서 털이 빠지거나, 염증이 생겼다.

5 쓸데없이 심하게 짖는다
주인이 나가려고 하면 안정을 잃고 이상하게 짖거나 주인이 집에 없을 때도 계속 짖는다.

훈련 방법

외출 패턴을 알아차리지 못하게 한다
일부러 화장을 하거나 옷을 갈아입거나, 열쇠를 집어 드는 등 외출 준비를 한 채 집에 있는다. 그러면 정작 외출하려고 이런 행동을 했을 때 눈치채지 못하므로 불안해하지 않는다.

함께 있을 때 텔레비전이나 라디오를 켜둔다
주인은 개와 함께 있을 때 텔레비전이나 라디오를 켜놓고 그 상태로 빨래를 하거나 신문을 가지러 나가거나 화장실에 가면서 조금씩 안 보이는 시간을 늘려본다. 결과적으로 텔레비전이나 라디오가 켜져 있으면 주인과 함께 있다고 생각해서 혼자 집을 볼 수 있게 된다.

나가기 전에 개와 마음껏 논다
나가기 전에 실컷 산책을 하거나 놀아주는 등 커뮤니케이션을 통해 개를 안심시킨다. 필요한 운동량을 채워서 혼자 집을 볼 때도 얌전히 잠들 수 있는 상태를 만들어준다.

주인이 있을 때도 하우스에 넣어둔다
평소에 주인이 집에 있을 때도 하루에 몇 차례 정도는 개를 하우스에 넣고 혼자 있는 시간을 만들어준다. 하우스에 길들이고 안심할 수 있는 장소로 만들어주기 위해서이다. 그렇게 훈련을 하면 하우스에 들어가 혼자서도 집을 볼 수 있게 된다.

NG 외출 전후에 개한테 말을 걸지 않는다
외출할 때나 돌아왔을 때 「갔다 올테니까, 얌전히 있어」, 「다녀왔다. 얌전히 있었지?」 하고 말을 걸면 개는 오히려 불안해하거나 흥분한다. 외출 전후에는 개한테 관심을 보이지 말고 살짝 드나들도록 한다.

부록

반려견과 함께 살 때
알아두면 좋은 정보

- 건강 관리도 주인의 책임이다
- 그루밍 방법
- 동물병원에 다니는 방법
- 증상으로 알아보는 질병 체크
- 거세와 피임
- 비만 예방
- 행복한 노후생활
- 애견학교(훈련소)는 어떤 곳?
- 이럴 때, 어떻게 할까?

건강 관리도 주인의 책임이다

반려견이 건강해야 훈련도 할 수 있다. 정기적인 몸 관리와 건강 관리에 주의하여 질병을 미리 발견하고 치료하자.

개는 스스로 건강이나 체중을 관리할 수 없다

사람과 달리 개는 건강을 유지하기 위해 신경을 쓰거나, 식단을 조절하여 체중 관리를 할 수 없다. 개가 쾌적한 상태로 가족과 함께 하루라도 오래 살려면 주인이 반려견을 대신해 건강이나 식사 관리, 청결 유지에 신경을 써야 한다. 또한, 병에 걸렸을 때도 어디가 아프다거나 몸이 좋지 않다고 말할 수 없기 때문에 질병을 미리 발견해서 적절한 치료를 받게 하는 것도 주인의 몫이다.

● 건강 관리의 체크 기준

매일	배변, 배뇨, 식욕 등이 평소와 다른 점은 없는지 체크, 양치질(최소 주 1~3회), 브러싱(장모종인 경우)
주 1회	브러싱(단모종인 경우)
월 1회	귀 청소, 샴푸(월 1~2회)
연 1회	건강 진단(노령견의 경우에는 6개월에 1회), 광견병 예방접종과 백신 접종

평소에 반려견의 모습을 잘 살펴서 몸 상태의 변화를 파악한다

반려견의 건강을 유지하기 위해서는 하루에 1번, 일주일에 1번, 6개월에 1번, 또는 1년에 1번 정도 정기적인 관리와 체크가 필요하다.

병에 걸려 당황하지 않으려면 건강 상태나 컨디션의 변화를 알아차려야 하므로 평소의 모습을 눈여겨본다. 예를 들어, 식욕은 있는지, 대소변이 이상한지, 체중이 눈에 띄게 변했는지 등을 잘 살핀다. 또 평소에는 활동적인 성격이었는데 갑자기 잠만 잔다면 몸에 이상이 있을 수 있으므로 자세히 살펴본다. 늘 함께 지내는 주인이기 때문에 알 수 있는 사소한 변화가 질병의 신호일 수 있다.

또한 정기적인 그루밍도 중요하다. 겉모습을 아름답게 가꾸는 것은 물론, 청결을 유지하고 몸 상태를 체크할 수 있는 좋은 기회이기도 하다.

건강 체크 포인트

정기적으로 건강을 체크해야 한다면 귀찮아하는 사람도 있겠지만 거창한 「건강 체크」가 아니더라도 매일 스킨십을 할 때나 산책할 때, 그리고 몸 관리할 때 반려견의 몸 상태를 체크해보자.

귀
견종에 따라 다르지만 보통 건강한 귀는 좌우 대칭이고, 귓속은 선명한 분홍색을 띤다. 이상한 냄새가 나거나 분비물이 있는 경우, 귀를 긁거나 자주 머리를 흔들 경우에는 질병을 의심해 볼 수 있다.

눈
건강한 개는 눈이 맑다. 눈곱이 평소보다 많거나, 눈동자의 색이 평소와 다르거나 탁할 경우에는 병에 걸렸을 가능성이 있다.

대소변
배설할 때는 소변과 대변의 상태를 잘 살핀다. 소변의 색이나 횟수, 양 등이 평소와 다르지 않는지 확인한다. 또한, 설사하지는 않았는지, 변비에 걸렸는지, 변에 피가 섞여 나오거나 변색이 이상한지, 이물질이나 기생충은 없는지도 세심하게 살핀다.

코
코가 살짝 촉촉하게 젖어 있어야 건강하다. 잘 때는 마르지만 열이 나면 건조해지거나 콧물이 흐르기도 한다.

입과 치아
잇몸과 혀가 선명한 분홍색을 띠고(견종에 따라 검은 반점이 있는 개도 있다), 치아는 흰색이어야 건강한 상태이다. 이와 잇몸이 지저분하거나 평소보다 침을 많이 흘리고, 구취가 날 경우에는 병에 걸렸을 가능성이 있다.

피부와 털
건강한 개는 털에 윤기와 탄력이 있고, 피부에도 탄력이 있다. 푸석푸석하거나 끈적끈적할 경우, 털갈이 계절이 아닌데도 털이 눈에 띄게 빠지는 경우에는 피부병을 의심해야 한다.

그루밍 방법

그루밍은 보기에도 좋은 모습으로 가꾸는 것일 뿐 아니라 청결을 유지하기 위한 방법으로 여러 가지 질병을 예방하고, 조기 발견에도 도움이 된다.

청결을 유지할 뿐 아니라 몸의 이상을 발견할 수 있는 기회

그루밍 등의 몸 관리는 이빨이나 털, 피부를 청결하게 유지할 뿐 아니라 건강을 위해서도 꼭 필요하다. 또 이를 통해 반려견과 충분히 스킨십을 할 수 있어 서로 간에 신뢰를 쌓을 수 있다. 강아지 때부터 정기적인 손질에 익숙해지도록 길들이는 것이 중요하며, 주인이 손질하는 요령을 잘 파악해서 직접 관리하면서 건강도 함께 체크하자.

① 발톱 자르기

깎는 순서와 방향

하얀 발톱일 경우, 발톱의 내부 중앙에 보이는 신경(분홍색 부분)을 자르지 않도록 끝부분부터 조금씩 깎는 것이 포인트이다. 발톱을 깎을 때 발바닥 패드(육구) 부분도 체크한다. 더러운 것이나 이물질이 그 사이에 끼어 있으면 제거한다. 발바닥 패드 사이의 털이 지나치게 길면 미끄러지기 쉬워서 위험하므로 짧게 자른다. 발톱이 자라면 바닥을 걸을 때 따각따각 소리가 난다. 홀드 스틸(◐p.70)이나 터칭(◐p.72) 방법으로 체크하면 좋다.

※ 검은 발톱인 경우에는 혈관이 잘 보이지 않으므로 발톱 표면이 메말라 있는 부분만 조금씩 잘라준다. 불안할 경우에는 무리하지 말고 수의사나 미용전문가의 도움을 받는 것이 좋다.

1. 자르는 방법

개를 끌어안듯이 잡고 왼손으로 발을 꼭 잡는다. 발톱 뿌리 부분의 위아래를 손으로 쥐고 자른다.

앞발   뒷발

2. 싫어할 경우

발톱 자르기를 싫어해서 빠져나가려고 할 경우에는 주인과 서로 다른 방향을 보면서 겨드랑이 아래에 개를 꽉 끼우고 발을 잡는다.

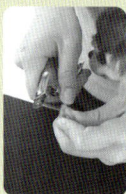 

잡는 방법   싫어할 경우

174

② 샴푸

특별히 더러워진 경우를 제외하고 한달에 보통 1~2회 한다. 샴푸를 하면 브러싱으로 제거되지 않는 더러움이나 냄새도 제거된다. 컨디션이 나쁜 경우나 생후 2~3개월의 강아지는 무리하지 말고 젖은 타올로 더러운 부분을 닦아낸다. 추울 때는 방을 따뜻하게 해서 감기에 걸리지 않도록 한다.

샴푸 순서

❶ 전신을 브러싱한 후에 엉덩이 부분부터 미지근한 물로 적신 다음 온몸을 씻는다.
❷ 손바닥에 샴푸 거품을 내서 손가락 바닥을 사용해 부드럽게 마사지하듯이 씻긴다. 도중에 개가 미끄러지지 않도록 반대편 손으로 개의 몸을 꽉 잡는다. 바닥에 미끄럼 방지용 매트를 깔고 하면 안전하다.
❸ 항문, 발, 발가락 등을 씻는다.
❹ 샴푸가 눈, 코, 입에 들어가지 않도록 얼굴을 부드럽게 씻는다.
❺ 몸에 샴푸가 남아있지 않도록 얼굴부터 충분히 헹군다. 얼굴 주변을 씻는 것을 싫어하는 경우에는 스펀지를 이용하면 편리하다.
❻ 수건으로 감싸서 물기를 70% 정도 제거한다.
❼ 드라이어로 말릴 때에는 배가 가장 먼저 차가워지기 쉬우므로 배부터 빨리 말려준다. 드라이어는 피부에서 30㎝ 정도 떨어뜨려 사용한다. 온도는 주인 손에 대어보아 너무 뜨겁지 않게 말린다. 동시에 브러싱도 한다.

◎ 목욕물 온도
적당한 온도는 개의 체온과 같은 38℃ 정도이다. 물의 세기는 주인 손에 강하게 느껴지지 않을 정도가 알맞다.

◎ 샴푸
애견 샴푸를 사용한다. 강아지용, 성견용, 장모용, 단모용 등으로 분류되어 있으므로 알맞은 샴푸를 고른다. 약용 샴푸는 수의사와 상담한 후에 사용한다.

◎ 샤워기 위치
개의 몸에 샤워기를 가까이 대고 물을 튼다. 멀리서 물을 뿌리면 물방울이 흩날려서 개가 놀랄 수 있다.

갑자기 머리나 얼굴에 물을 뿌리지 않는다

물을 뿌릴 때는 엉덩이 부위부터 천천히 조금씩 적신다. 귓속이나 눈에 물과 샴푸가 들어가지 않도록 주의한다. 개가 싫어할 경우에는 머리와 얼굴은 젖은 수건으로 닦아준다.

뜨거운 바람을 얼굴에 쏘이지 않는다

갑자기 뜨거운 바람을 개의 얼굴에 쏘이면 싫어할 뿐 아니라 화상도 입을 수 있다. 얼굴은 약한 바람으로 가볍게 쏘인 후 수건으로 잘 닦아서 말린다.

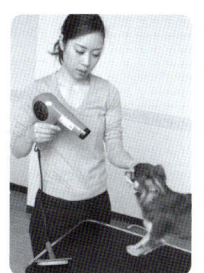

③ 브러싱

장모종은 하루 1번, 단모종은 매주 1번 브러싱을 한다. 뭉친 털을 풀어주고 먼지나 더러움을 제거하여 깨끗해질 뿐 아니라 혈액 순환도 촉진시킨다, 또한 피부병 등을 조기 발견할 수도 있다. 장모종인 경우, 우선 슬리커 브러시로 털의 결을 따라 모근부터 빗어준다. 마지막은 빗으로 완성한다. 단모종인 경우에는 피부가 상하지 않도록 고무 브러시로 몸을 마사지하듯이 털의 결을 따라 부드럽게 브러싱을 한다.

털 뭉치를 억지로 잡아당기지 않는다

털 뭉치가 있다고 무리하게 잡아당기면 개가 싫어한다. 우선 손가락으로 천천히 풀어준 다음 슬리커 브러시 등을 사용하여 털 끝부터 풀어준다.

슬리커 브러시

잡는 방법

손잡이 부분을 엄지와 검지로 가볍게 쥔다.

사용 방법

피부와 수직으로 바깥을 향하여 빗는다.

피부와 평행하게 빗지 않는다

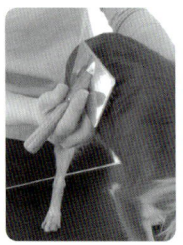

빗

잡는 방법

빗 등을 손가락으로 가볍게 잡는다.

사용 방법

피부와 평행하게 털의 결을 따라 빗는다.

빗을 피부에 수직으로 넣지 않는다

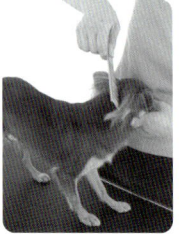

고무브러시 드는 방법

잡는 방법

엄지, 검지, 중지로 가볍게 잡는다.

사용 방법

몸을 마사지하듯이 털의 결을 따라 빗는다.

힘주어 빗지 않는다

④ 치아

이를 닦아 입안을 깨끗이 하고 충치나 잇몸병, 구강염을 방지한다. 이를 만지는 것을 싫어하는 개가 많으므로 우선 만지는 것에 길들여야 한다. 가능하면 매일, 적어도 주 1~3회는 손질한다.

거즈를 검지에 감아 닦는 방법이 일반적이다. 잇몸도 함께 마사지하면 혈액순환에도 좋다. 강아지용 칫솔을 사용해도 좋다.

⑤ 눈 주위

젖은 탈지면이나 화장솜으로 부드럽게 눈곱을 제거한다. 동시에 눈동자가 탁하지 않은지, 충혈되었는지 체크한다.

⑥ 귀

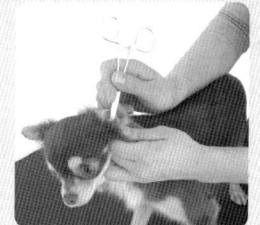

매달 1번 귀 청소를 한다. 귀가 처진 경우에는 귀를 살짝 들어 올리고, 탈지면이나 부드러운 화장지에 이어 로션(ear lotion)을 발라 부드럽게 더러움을 제거한다. 면봉을 사용할 경우 너무 깊숙이 넣지 않도록 주의한다. 동시에 귓속이 벌겋거나 습진 같은 것이 있는지, 이상한 냄새가 나는지도 체크한다. 이상이 있을 경우에는 무리해서 손질하지 말고 즉시 동물병원에서 검사를 받는다.

⑦ 마사지

마사지는 혈액순환을 돕고, 주인과 반려견이 스킨십을 할 수 있는 기회이다. 지나치게 힘을 주지 않도록 주의해서 손가락 바닥을 사용해 주무른다.

◎ **얼굴**

양손으로 정면에서 얼굴을 감싸고 엄지손가락으로 관자놀이 부분인 귀의 앞부분을 천천히 주무른다.

◎ **흉부**

한 손으로 얼굴을 잡고 다른 손으로 흉골을 따라 위에서 아래를 향하도록 부드럽게 쓰다듬는다

◎ **발**

다리 윗부분부터 발끝을 향하여 가볍게 누르듯이 주무른다.

◎ **등**

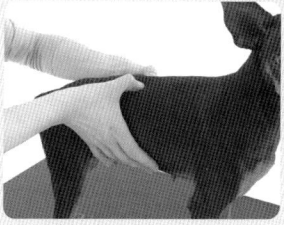

몸통 부분을 양손으로 감싸듯이 잡은 다음, 양쪽 엄지손가락으로 등뼈를 따라 주물러 나간다.

◎ **발바닥 패드**

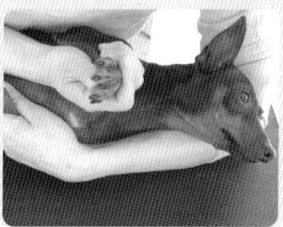

개를 눕히고 한 손으로 꽉 잡은 다음 다른 손으로 가볍게 발바닥 패드를 지압한다.

동물병원에 다니는 방법

질병을 미리 예방하려면 평소에 자주 다니는 동물병원을 정해 정기적으로 건강진단을 받는다.

자주 다니는 병원을 정한다

병에 걸리지 않는 이상 일부러 동물병원 가기를 꺼리는 사람이 많은데 병의 증세가 확실해진 후에는 이미 늦다. 미리 신뢰할 수 있는 수의사를 찾아두자.

어느 병원을 선택해야 좋을지 망설이는 분들도 많을 것이다. 우선 동물병원의 정보를 모을 필요가 있다. 산책할 때 만나는 집 주변의 반려견 주인에게 정보를 얻는 것도 한 방법이다. 자신이 직접 확인할 경우에는 질병이나 치료에 대해 알기 쉽게 설명하는지, 비용 설명도 해주는지 등을 기준으로 확인한다. 또한 건강진단이나 예방접종을 할 때 수의사와 이야기를 해보면서 분위기를 파악하는 것도 좋다.

건강진단과 예방접종으로 질병을 예방한다

질병예방은 정기적인 건강진단과 예방접종에 달려 있다. 건강진단은 강아지인 경우 한 달에 1번 하고 그 이후에는 수의사와 상담하여 정기적으로 예약을 한다. 대형견이라면 7세경, 소형견이라면 9세경에 노화가 시작된다. 이때에도 수의사와 상담하여 건강진단을 받는다.

또한 개를 전염병으로부터 보호하기 위해서는 예방접종이 가장 효과적이다. 접종 시기나 스케줄의 기준은 강아지인 경우 어미로부터 받은 면역력이 사라지는 생후 6주~8주에 처음 받고 그 이후에는, 약 한 달 간격으로 2회, 3회 추가접종을 하는 것이 가장 좋다. 그 후에는 1년에 1번 추가접종을 한다. 참고로 광견병은 의무적으로 매년 1회 예방접종을 해야 한다.

🐾 동물병원을 고를 때의 포인트

❶ 산책 중 만난 사람이나 동네의 다른 반려견 주인들로부터 평판이 좋은 곳
❷ 치료나 약의 처방과 치료 방법에 대해 설명을 해주는 곳
❸ 치료비 내용에 대한 설명을 해주는 곳
❹ 치료비 영수증을 발행해 주는 곳

이럴 때는 동물병원에 데려가자

🐾 질병 예방

● 건강진단의 주요 내용

(1) 문진
　평소 건강 상태나 성격, 양육 상황
(2) 체중 측정
(3) 체온 측정
(4) 전신 촉진과 청진기를 이용한 진찰
(5) 혈액검사
(6) 대소변 검사
　병원에서는 채취가 어려우므로 미리 받아서 가지고 가는 경우도 있다.
(7) 엑스레이, 심전도, 초음파 등 외견이나 촉진만으로 알 수 없는 골격이나 내장 상태를 검사한다.

● 예방접종의 종류

(1) 광견병
　의무접종이므로 보건소나 지정된 동물병원에서 한다.
(2) 혼합 백신
　아래 9종에서 2, 3, 5, 7, 9종을 골라 혼합으로 접종한다.
　접종 시기나 스케줄은 p.178을 참조한다.
　① 디스템퍼(개 홍역)
　② 파보 바이러스 감염증
　③ 개 전염성 간염
　④ 코로나 바이러스 감염증
　⑤ 파라인플루엔자
　⑥ 아데노 바이러스 2형 감염증
　⑦ 개 렙토스피라증(황달 출혈성)
　⑧ 개 렙토스피라증(캐니콜라)
　⑨ 개 렙토스피라증(헤브도마디스형)

🐾 질병에 걸렸을 때

병원에 따라 다르지만 처음 갈 경우에는 미리 병원에 전화하여 예약한다. 진찰을 받을 때는 증상이나 병의 경과를 정리한 메모를 가져가면 진찰에 도움이 된다. 개를 병원에 데려갈 때에는 개가 무서워서 도망가지 않게 목줄과 리드줄을 사용하고, 소형견이라면 케이지에 넣어 데려간다. 대소변이나 구토물도 진단 자료가 되기 때문에 가져가는 것이 좋다. 또한 대형견이어서 움직이기가 힘들거나 데려가는 것이 개에게 큰 부담이 될 경우에는 왕진을 요청하는 방법도 있다.

● 증상이나 경과를 적은 메모

① 어떤 증상인지
② 증상의 경과
③ 마지막으로 받은 예방접종의 종류와 시기
④ 병력
⑤ 출산 경험의 유무(암컷일 경우)
　피임이나 거세의 유무
⑥ 식욕의 변화
⑦ 대소변의 상태
⑧ 구토의 유무, 횟수
⑨ 알레르기의 유무
⑩ 평소 복용하는 약의 유무와 종류

증상으로 알아보는 질병 체크

우선 평소와 다른 점을 표에 체크하자. 여기에 정리된 내용은 하나의 기준이므로 과신하지 말고 조기에 진찰 받는 것을 잊지 말자.

이상 증상	주요 증상과 경과	예상 질병
발열	기운이 없고 재채기, 콧물, 기침이 난다	●감기나 바이러스, 세균에 의한 감염증
	더운 곳에서 지내고, 숨이 거칠고, 축 쳐져 있다	●일사병, 열사병
	상처를 입었다	●염증에 따른 발열
설사	묽은 변, 혈변, 점액변	●디스템퍼 ●파보 바이러스 감염증
		●코로나 바이러스성 위장염
	구토나 발열을 동반한다	●기생충 ●세균감염 ●식중독
	식욕과 기운이 있다	●과식 ●우유나 지방 섭취에 따른 설사
변비가 지속된다	배변 후 기운을 차렸다	●단순 변비
	구토를 동반한다	●장폐색
	설사와 변비를 반복한다	●장의 종양, 소화관의 이상 ●감염증
		●회음헤르니아
	수캐	●전립선 이상
변의 색이 이상하다	혈변, 검은 변	●기생충 ●식중독 ●출혈성 대장염
	항문 주변에 출혈이 있다	●항문주위염
변에 벌레가 섞여있다	연분홍색 손톱모양의 벌레가 섞여 있다	●조충증
	엉덩이를 땅에 비빈다	
	국수 같은 벌레가 섞여 있다	●회충증
	식욕이 없고 구토를 하는 경우도 있다	
	길고 가는 흰 벌레가 있다	●구충증
	변비이거나 혈변을 동반한다	

이상 증상	주요 증상과 경과	예상 질병
소변의 이상	횟수가 많고 한 번에 보는 소변의 양이 적다	●방광염
	정해진 장소가 아닌 곳에서도 소변을 본다	
	소변의 양이 줄고, 하복부가 빵빵하게 부풀어 있다	●요로폐색(결석이나 종양이 원인)
	다갈색이나 붉은 색의 소변이 나온다	●방광염 ●요도염 ●전립선염 ●양파중독 ●결석증 ●요로결석증
구토	하루에 몇 번씩 구토를 한다	●위염
	토하려 하는데 하지 못한다	●필라리아 ●위염전 ●위확장
	설사나 혈변을 동반한다	●파보 바이러스 감염증
	침을 대량으로 흘리거나 경련을 일으킨다	●농약과 같은 약물에 의한 중독증상
물을 많이 먹는다	최근 사료를 건조사료로 바꾸었다	별 탈 없는 경우가 대부분
	체중이 줄었다	●당뇨병 ●신장병(신염, 신부전 등)
	5세 이상의 암컷으로 출산 경험이 없거나 피임수술을 받지 않았다	●자궁축농증
갑자기 먹는 양이 늘었다	먹고 있는데 마른다	●기생충 ● 당뇨병
호흡이 거칠다	기침을 동반한다	●기관지염이나 켄넬코프(심한 기침/쿨럭쿨럭) ●폐렴이나 필라리아(약한 기침/콜록콜록)
	열이 있다	●감염증일 우려가 있다
	더운 곳에서 지내며, 쳐져 있다	●열사병 ●일사병
콧물이 난다	무색이고 줄줄 흐른다	●비염, 코감기
	누런색이고 약간 끈적인다	●감염증 ●디스템퍼(예방접종을 하지 않았을 경우) 등
	누르스름하고 끈적이며 피나 고름이 섞여 있다	●부비강염
	무색이고 끈적인다	●코의 종양 ●폐렴, 기관지염 등
귀가 이상하다	귀를 계속 긁거나 머리를 흔든다	●외이염
	귓속에 검고 끈적끈적한 고름이 보인다	
	귓속에 검은 귀지가 보인다	●귀 진드기
	귀나 머리를 만지면 싫어한다	●중이염
	머리를 기울이는 듯한 동작을 취한다	
	기운이 없어 보인다	
	머리를 흔드는 것 같은 행동을 한다	●귀의 혈종
	귀가 빵빵하게 부풀어 있다	

이상 증상	주요 증상과 경과	예상 질병
눈곱이 많다	항상 눈물이 나고, 아래 눈꺼풀이 충혈되어 있다	●결막염 ●각막염
구취가 난다	치아가 흔들거리거나 치아부위에 치석이 붙어 있다. 또 잇몸에서 출혈이 있다	●치주병 ●치조농루
	식욕이 없고 구토도 한다	●신기능장해
털이 빠진다	등에서 엉덩이, 꼬리 쪽 털이 빠진다 붉은 점이 있다	●벼룩 알레르기
	머리나 얼굴, 귀 부분의 털이 빠진다	●개선충증
	몸의 좌우대칭으로 털이 빠진다	●갑상선 기능저하증 ●쿠싱증후군
	얼굴이나 양쪽 귀, 허벅지 안쪽, 겨드랑이 등의 털이 빠진다	●아토피성 피부염
엉덩이를 땅에 비빈다	변을 보면 연한 핑크색 손톱 모양의 벌레가 섞여 있다	●조충증
	항문 부근을 핥거나 변을 잘 보지 못한다	●항문주위염
	항문을 핥거나 자신의 꼬리를 쫓아 빙빙 돈다	●항문낭염
	설사가 계속되고 항문의 주변이 붉다	●탈항 ●항문주위염
걸음걸이가 이상하다	산책 중에 갑자기 멈춰 선다 필라리아 예방접종을 하지 않았다	●필라리아
	움직임이 둔하고 안아주는 것을 싫어하거나 떤다	●추간판 헤르니아
	다리를 들어올린다, 다리를 질질 끈다	●슬개골탈구
	다리를 들어올린다, 움직임이지 않는다	●골절
	다리를 끌거나 선 채로 움직이지 않는다 뒷다리를 모으고 달리거나 엉덩이를 좌우로 흔들면서 걷는다	●고관절형성부전
산책 중에 멈춰 선다	축 처져 있고 기운이 없다. 특히 더운 여름날에	●일사병 ●열사병
	호흡이 힘들어 보이고, 잇몸과 입안의 색이 이상하다. 한밤중이나 새벽에 기침을 한다	●심장병
사물에 부딪힌다	움직이는 것에 반응하지 않는다 계단을 무서워한다, 눈동자가 탁해졌다	●백내장

월별 건강 체크표

평소와 비교해 이상하다고 느끼지만 며칠 전의 모습이 어땠는지 정확히 떠올리기는 쉽지 않다. 평소에 간단한 건강 체크표를 만들어 기록해두면 건강 변화나 이상을 발견하는 데 도움이 될 뿐 아니라 동물병원에 갔을 때 검사에 참고가 된다.

이런 것을 체크하자!

① **체온** 식사와 식사 사이나 공복일 때 항문에 체온계를 넣어 측정한다. 소형견이나 강아지는 38.0~39.0℃, 대형견은 37.5~38.5℃ 정도가 정상이다.
② **식사 횟수** 간식도 포함하여 기록한다.
③ **식사 내용** 먹은 양과 식욕에 대해서도 기록한다.
④ **운동 시간** 운동 또는 산책 시간
⑤ **대변** 횟수와 양, 모양
⑥ **소변** 횟수와 양, 색
⑦ **건강도** 주인의 주관적인 느낌이라도 괜찮다. 그날 개의 모습을 기록해도 된다. 예를 들어, 3단계 평가(A는 활발, B는 보통, C는 얌전)
⑧ **비고** 눈에 띄는 증상은 무엇이든 기록한다.

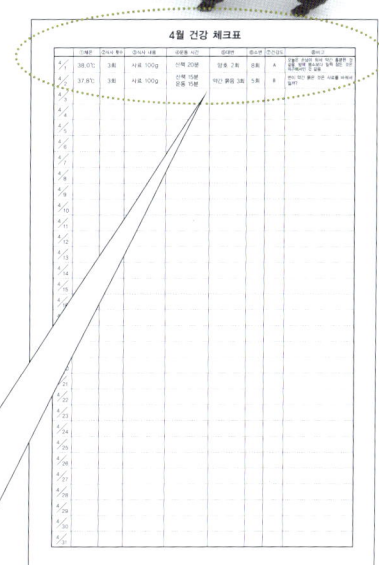

4월 건강 체크표

	①체온	②식사 횟수	③식사 내용	④운동 시간	⑤대변	⑥소변	⑦건강도	⑧비고
4/1	38.0℃	3회	사료 100g	산책 20분	양호 2회	8회	A	오늘은 손님이 와서 약간 흥분한 것 같음. 밤에 평소보다 일찍 잠든 것은 피곤해서인 것 같음.
4/2	37.8℃	3회	사료 100g	산책 15분 운동 15분	약간 묽음 3회	5회	B	변이 약간 묽은 것은 사료를 바꿔서일까?
4/3								

거세와 피임

개체마다 차이가 있지만 빠르면 생후 6개월에 발정기를 맞는다. 거세나 피임 수술 여부는 수의사와 상담하여 최종 결정을 내리는 것이 중요하다.

거세와 피임은 사람과 개가 쾌적하게 살기 위한 수단이다

예를 들어, 암컷의 경우 빠르면 생후 6개월에 발정기를 맞아 그 후 6~12개월을 주기로(1년에 2회) 발정기가 온다. 따라서 개를 밖에서 키워 다른 개와 쉽게 접촉할 수 있었던 옛날에는 개의 거세나 피임은 번식을 컨트롤하는 것이 주된 목적이었다.

그러나 생활환경이 변하여 개가 실내에서 생활하는 일이 많아진 요즘은 사정이 조금 바뀌었다. 물론 번식을 컨트롤하는 것도 하나의 목적이지만 그보다는 문제 행동을 해결하고 질병을 예방하는 등 개와 사람이 함께 쾌적한 삶을 살아가기 위한 것이라는 인식이 높아지고 있다.

거세와 피임에 대한 결정을 내리기 위해

거세나 피임은 대부분의 반려견 주인들이 한 번씩 고민하는 문제이지만 그 내용을 잘 이해한 후에 수술 여부를 결정해야 한다.

수술을 하면 당연히 새끼를 낳을 수 없지만 발정 스트레스로부터 벗어나 정신적으로 안정을 찾을 수 있다. 수캐인 경우, 마킹이나 먼 곳을 보고 짖는 등 주인이 '문제 행동'이라 여기는 행동도 하지 않게 된다. 나아가 개에 따라서는 성격도 차분해진다.

가장 큰 이점은 질병 예방이다. 성 호르몬이 분비되지 않는 수캐는 정소종양이나 전립선 비대, 암캐는 난소종양이나 자궁축농증 같은 병을 예방할 수 있다.

「수술하면 살찌지 않을까?」하는 우려도 있지만 주인이 식사와 운동량을 잘 관리하면 문제가 되지 않는다.

수캐

🐾 거세 수술

이런 수술!

전신마취를 하고 좌우고환을 적출하는 것이 일반적이다. 수술 후에는 그날로 퇴원하거나 하루 정도 입원한다. 수술하기에 적합한 시기는 생후 약 6개월경이다. 수술을 받을 때는 평소에 자주 다니는 동물병원에서 상담을 받는다.

어떻게 변하나?

1. 새끼를 낳을 수 없다.
2. 남성 호르몬의 영향으로 병에 걸릴 위험이 줄어든다.

   ① 정소종양
   ② 전립선 비대
   ③ 전립선 종양 등

3. 쓸데없이 짖거나 마운트(달려들기) 등의 문제 행동이 줄어든다.
4. 얌전해지는 경우도 있다.

암캐

🐾 피임 수술

이런 수술!

좌우의 난소와 자궁을 적출하는 방법과 난소만 적출하는 방법이 있다. 어느 방법이든 전신마취를 한다. 수술 후에는 하루 내지 이틀 정도 입원하는 것이 일반적이지만 병원마다 다르다. 적당한 수술 시기는 생후 6개월 정도이다. 수술을 받을 때에는 평소에 자주 다니는 동물병원에서 상담을 받는다.

어떻게 변하나?

1. 새끼를 낳을 수 없다.
2. 여성 호르몬의 영향으로 질병을 예방한다.

   ① 자궁축농증
   ② 난소종양
   ③ 유선종양 등

3. 얌전해지는 경우도 있다.

185

비만 예방

토실토실 살이 찌면 보기에는 귀여울지 몰라도 반려견의 건강에는 백해무익하다. 주인이 식사와 운동량을 조절하여 반려견의 비만을 예방하자.

체중은 건강의 바로미터

개한테 먹는 것은 큰 즐거움이다. 개가 원하는 대로 간식이나 식사를 많이 줄 수도 있지만 비만은 만병의 근원이다. 겉보기에는 잘 몰라도 내장이나 뼈, 관절에 부담을 주어 당뇨병, 간이나 심장질환을 비롯하여 다양한 질병을 일으킨다.

주인이 수시로 체크해서 적당한 체중을 유지하도록 주의한다. 무리하지 않는 범위에서 정기적으로 몸을 움직여야 하는데, 특히 이미 살이 너무 많이 찐 개는 갑작스러운 운동으로 관절이나 인대를 손상시킬 수 있으므로 무리는 금물이다.

양을 줄이고 식사 횟수를 늘린다

식사량은 사료 봉지에 표시된 적당량을 참고하는 것이 가장 알기 쉽다. 같은 견종이라도 살찌기 쉽거나 살이 잘 안찌는 등 개체차가 있으므로 체중을 체크하면서 양을 조절하자.

다이어트를 하는 경우에는 식사량을 줄이고 체중을 조절한다. 하루에 주는 사료의 양을 작게 나누어 횟수를 늘리면 만족감을 얻을 수 있으며, 다이어트용 사료나 영양보조제를 쓰는 방법도 있다.

단, 식사량을 제한할 때도 체중을 주 1~2% 줄이는 것을 목표로 한다. 사람과 마찬가지로 개 역시 급격한 다이어트는 몸에 부담을 준다. 수의사와 상담 후 계획적으로 다이어트를 한다.

비만은 이런 병을 일으킨다

심장이나 혈관에 부담
지방세포가 증가하면서 혈액이 진해져 혈관이나 심장에 부담을 준다. 이에 따라 심장병이나 고혈압, 호흡곤란을 일으킬 수 있다.

관절염
체중이 늘어나면 관절이나 뼈에 부담을 준다. 원래 관절계 질환을 일으키기 쉬운 견종은 위험이 더욱 커진다.

당뇨병
비만으로 인슐린 작용이 저하되어 인슐린 저항증이나 이것이 발전해서 당뇨병이 된다.

몸을 체크하자

1 눈에 보이는 모습과 갈빗대로 체크

등 위에서 보았을 때 허리에 완만하게 잘록한 부분이 있으며, 만지면 갈빗대를 확인할 수 있는 정도가 가장 좋다. 세게 누르지 않으면 갈빗대가 만져지지 않거나 엉덩이가 크게 부풀어 오른 상태는 비만이다.

2 체중계를 이용

체중계를 사용해서 꼼꼼하게 체중을 관리하는 방법도 있다. 가정에서 잴 때는 주인이 개를 안고 체중계에 올라가 그 체중에서 주인의 체중을 빼는 방법이 있다.

살찌지 않게 하는 포인트

1 적당한 운동

생활 리듬을 지켜서 매일 최소한 1번은 산책을 한다. 아침, 저녁 2번 할 수 있으면 이상적이다. 너무 살찐 개는 갑자기 힘든 운동을 시키면 몸에 부담을 주기 때문에 무리하지 않도록 주의한다.

2 식사량에 주의한다

식사는 하루 1~2회 준다. 식사량은 사료 포장지에 표시된 내용을 참고한다. 단, 개체마다 차이가 있어서 표준량을 주어도 살찌는 개도 있다. 체중 변화를 꼼꼼히 체크하여 반려견의 적당한 양을 파악해야 한다. 조른다고 무심코 주인의 식사를 나눠주거나 간식을 주는 경우도 있는데, 이 또한 칼로리 섭취량에 포함된다는 사실을 잊지 말아야 한다.

행복한 노후생활

개는 사람보다 몇 배나 빠른 속도로 나이를 먹는다. 예전 같지 않다고 느껴진다면 노화의 신호일지도 모른다. 반려견의 몸의 변화를 잘 살펴서 행복한 삶을 보장해 주자.

나이가 들면서 나타나는 반려견의 변화

「우리 개는 아직도 젊은데 뭘……」하고 생각하는 주인도 있겠지만 개는 1살에 이미 청년기를 맞이할 정도로 빠른 속도로 성장하기 때문에 노화도 빨리 찾아온다. 견종에 따라 차이가 있지만 대형견은 7살 무렵부터, 소형견은 9살 무렵부터 노화의 징후가 나타나는 경우가 많다.

개의 노화는 어떻게 나타날까? 가장 먼저 피부의 윤기가 없어지고 활동량이 줄어든다. 자는 시간이 늘어나거나 지시를 내려도 바로 반응하지 않게 된다. 또한, 신체능력도 저하되어 어딘가에 부딪히거나 걸려서 넘어지는 일도 많아진다. 신체능력의 저하와 함께 하루에 소비하는 칼로리의 양도 줄어든다. 사람에게도 치매가 오는 것처럼 개도 비슷한 증상을 보인다. 각 증상에 따라 쾌적한 환경을 마련해 주는 것이 중요하다.

노화는 이렇게 나타난다

피부나 털
1. 털이 쉽게 빠지고, 적어졌다.
2. 털의 색이 퇴색되고, 희어졌다.
3. 피부나 털에 탄력이 없어졌다.
4. 발바닥 패드 부분이 딱딱해졌다.

얼굴
1. 치아가 약해졌다, 눈에 띄게 치아가 더러워졌다.
2. 눈동자가 탁해졌다.
3. 시력이 떨어졌다.

행동
1. 소리나 움직이는 것에 대한 반응이 둔해졌다.
2. 계단 같은 곳을 오르내릴 때 망설인다.
3. 잠자는 시간이 늘었다.
4. 가벼운 운동에도 쉽게 숨이 찬다.
5. 한밤중에 이유 없이 짖는 일이 늘었다.
6. 좁은 곳에 들어가서 나오려고 하지 않는다.

건강한 노후생활을 위한 포인트

움직임이 둔해지고 신체능력이 떨어진 반려견이 건강한 노후를 보낼 수 있도록 주인이 신경 써야 할 4가지가 있다.

1 식사는 조금 부족한 듯, 먹기 쉬운 상태로 만들어 준다

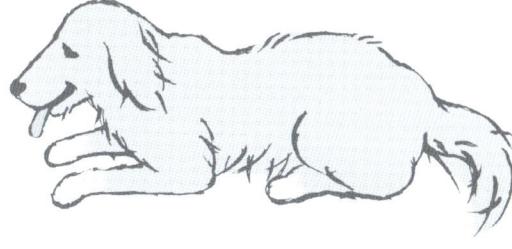

❶ 하루 소비 칼로리에 맞추어 식사량을 줄인다.
❷ 한 번에 먹을 수 있는 양이 줄기 때문에 조금씩 양을 나누어 준다.
❸ 치아가 약해진 경우에는 사료를 작게 자르거나 먹기 쉽게 불려서 주는 등 방법을 찾아본다.

2 심한 운동을 피하고 운동은 적당히 시킨다

❶ 심한 운동은 몸에 부담이 되므로 피한다.
❷ 전혀 운동을 하지 않으면 운동부족으로 비만해질 수 있으므로 상태를 보면서 부담 주지 않는 거리와 속도로 무리하지 않게 산책을 계속한다.

3 개한테 맞는 환경을 준비한다

❶ 젊었을 때는 별문제 없이 오르내리던 계단도 신체능력이 떨어진 노령견에게는 위험할 수 있다. 미끄러지기 쉬운 바닥이나 계단에는 카펫 같은 것을 깔고, 높이의 차이 때문에 걸려서 넘어지기 쉬운 곳에는 애견용 슬로프(경사로)를 대는 등 배려해준다.
❷ 갑자기 방의 가구 배치를 바꾸거나 화장실, 물 마시는 곳의 위치를 바꾸면 개가 혼란스러워하므로 피한다.
❸ 노화로 화장실 사용을 못하고 실수하게 되면 애견용 기저귀를 이용하는 방법도 있다.

4 몸의 컨디션을 자주 체크하여 질병을 예방한다

젊었을 때에 비해 소화기관이나 순환기 계통의 기능이 저하되기 때문에 구토와 설사가 잦아지거나 세균에 감염되기 쉬워진다. 평소에 몸 상태를 잘 관찰하고, 1년에 2번은 건강진단을 받도록 신경 쓴다.

애견학교(훈련소)는 어떤 곳?

훈련시키는 데 자신이 없거나 문제 행동을 컨트롤할 수 없을 때는 애견학교(훈련소)를 이용하여 전문가의 훈련 방법을 배워보자.

목적에 맞는 훈련소를 선택한다

훈련소가 너무 많아서 과연 어느 곳이 좋을지 고민될 때가 많다. 훈련 방법을 배우고 싶거나 문제 행동이 너무 심해서 이를 고치고 싶을 때, 또는 수준 높은 훈련을 시키고 싶을 때 등 목적에 맞추어 선택한다.

단, 훈련소에 다닌다고 바로 문제가 해결되는 것은 아니다. 집에서도 복습을 시켜야 하고, 주인도 함께 참여해야만 효과가 나타난다는 사실을 명심하자.

훈련소 찾는 방법과 선택 방법

● **찾는 요령**
1. 잡지나 인터넷
2. 소개(산책 때 만난 사람들의 평판을 들어본다)
3. 동물병원이나 펫숍 또는 브리더에게 물어본다.

● **선택 요령**
1. 목적에 맞는 훈련소를 고른다.
2. 방침이나 훈련 방법, 비용 설명을 듣고 마음에 드는 곳을 고른다
3. 여러 곳에 가보고 비교 검토해서 고른다.

훈련소는 이런 곳

개와 주인이 함께 배우는 동반형과 개만 맡겨서 훈련 시키는 위탁형이 있다. 동반형은 그룹훈련이나 개인훈련을 받을 수 있으며, 트레이너가 집으로 출장 오기도 한다. 일본의 경우 자치단체에서 훈련 프로그램을 운영하기도 한다.

형태		이런 곳	이런 분에게 추천
동반형	그룹훈련	개와 주인으로 이루어진 여러 개의 팀이 모여서 훈련하는 유형. 강아지 교실은 이런 형태가 많다.	1. 친구를 만들고 싶다. 2. 개의 사회성을 길러주고 싶다. 3. 처음 개를 기르기 때문에 훈련 방법을 배우고 싶다.
	개인훈련	트레이너와 1대1로 배울 수 있는 유형.	1. 문제 행동을 고치고 싶다. 2. 독창적인 프로그램으로 훈련시키고, 배우고 싶다.
	출장훈련	트레이너가 집에 와서 가르친다. 사육환경에 맞추어 훈련 방법을 제안해 준다.	1. 늘 생활하는 환경에서 훈련 방법을 배우고 싶다. 2. 독창적인 프로그램으로 배우고 싶다.
위탁형		개를 일정기간 맡겨서 훈련시킨다.	1. 일을 하고 있어서 스스로 훈련시킬 시간이 없다. 2. 문제 행동이 너무 심해서 주인 혼자서는 통제할 수 없는 상태.

이럴 때, 어떻게 할까?

개를 기르기 시작했을 때 필요한 등록 절차나 유사시 대응 방법으로 알아두면 도움이 되는 정보를 모았다.

등록

2008년 1월 27일에 개정된 동물보호법에 의하면 가정에서 반려 목적으로 개를 기를 경우, 소유자의 주소지를 관할하는 시·도지사의 결정에 따라 동물 등록이 의무화된 지역에서는 월령이 3개월 이상인 개는 반드시 등록해야 하며, 이를 어기면 30만 원 이하의 과태료를 문다.

동물 등록을 하려면 행정기관이나 동물병원 등 등록을 대행하는 기관에 신청서 등 관련 서류를 제출하거나, 동물보호관리시스템(www.animal.go.kr)을 통해 예약할 수 있다. 동물 등록을 하면 고유의 동물등록번호가 기록된 마이크로칩 또는 인식표가 동물에 장착 또는 부착된다.

등록 변경

소유자가 변경된 경우에는, 새로 변경된 소유자가 해당 사항이 변경된 날부터 30일 이내에 동물등록변경 신고서에 동물등록증 등의 서류를 첨부하여 시·군수·구청장에게 신고해야 한다. 소유자의 주소나 전화번호가 변경된 경우 또는 등록 동물을 잃어버리거나 등록 동물이 죽은 경우에는, 소유자가 해당 사항이 변경된 날부터 30일 이내에 동물등록변경 신고서에 동물등록증과 등록 동물을 잃어버린 경우서, 등록 동물의 죽음을 입증할 수 있는 자료 등을 첨부하여 시·군수·구청장에게 신고해야 한다.

실종

동물보호법에 따르면 시·도지사는 유기된 동물의 보호 조치를 위하여 농림수산식품부령이 정하는 기준에 적합한 보호시설을 설치·운영하거나 보호 조치를 위탁할 수 있는 시설을 확보해야 한다. 또한 시장·군수는 공공 장소에서 떠돌아다니거나 버려진 동물을 발견한 경우, 그 동물이 규정에 따라 보호·관리될 있도록 필요한 조치를 하고, 소유자 등이 보호 조치의 사실을 알 수 있도록 지체 없이 7일 이상 공고해야 한다.

따라서 개를 분실한 소유자는 공고를 참조하고, 각 지역의 동물 보호시설에 문의하거나 동물보호관리시스템의 게시판 등을 통해 분실 신고를 할 수 있다.

이별

키우던 반려견이 죽으면 폐기물 관리법에 따라 가정에서는 사체를 종량제 쓰레기 봉투에 담아 버려야 하고, 동물병원에서는 감염성 폐기물로 간주하여 소각 처리한다. 2008년에 애완동물 장묘시설이 합법화되어 그 이후부터는 관할 시·군·구에 등록되어 있는 동물장묘업체에 맡겨 처리할 수 있게 되었다. 그러나 죽은 동물을 생활쓰레기와 함께 버리거나 몰래 매장하면 환경오염을 일으키고, 공중위생을 해치게 되므로 비용이 들더라도 전용 화장장을 이용해 처리하는 것이 바람직하다.

감수 니와 미에코[丹羽三枝子]

이바라키 동물전문학원 교무주임. 어릴 때부터 아버지의 일 때문에 영국에 거주. 대학 입학과 동시에 동물전문학교에 입학하여 조련사, 애견미용사, 동물간호사 등의 자격을 취득하였다. 졸업 후 동물병원에 근무하면서 동물 카운슬러로서 많은 반려견을 훈련시켰다. 현재는 이바라키 동물전문학원의 교무주임으로 젊은 인재를 육성하고 있으며, 다양한 어학실력을 살려 해외의 동물관계자들과 교류하는 데 힘을 쏟고 있다. 저서로 『개와 행복하게 사는 법』이 있다.

감수 이바라키 동물전문학원

1990년 「츠치우라 그루밍스쿨」로 개교해서 2004년 전 일본 동물전문교육협회 지정학교로 허가를 받고 교명을 「이바라키 동물전문학원」으로 변경. 현재 가정견훈련학과(도그 트레이너 양성코스), 애견미용학과(애견미용사 양성코스), 전문과(경험자를 위한 코스, 미용과에 한함)가 개설되어 있다. 각 분야에서 1인자로 활약하고 있는 우수한 교사진의 지도 아래 주 4~5일 이상의 실용적인 실기 위주의 수업을 진행하고 있다. 그 결과 많은 졸업생이 각 분야에서 활약하고 있으며 매년 개최되는 전국경기대회에서도 우수한 성적을 많이 거두고 있다.
주소 : 이바라키[茨城]현 츠치우라[土浦]시 고마츠[小松] 3-3-8 | 홈페이지 : http://www.iasc.co.jp | 전화 : 029-823-4686 | FAX : 029-824-2125

옮긴이 황혜숙

건국대학교 일어교육과와 뉴질랜드 오클랜드대학에서 일본어 석사학위 취득. 오클랜드대학 아시안 언어학부에서 각종 연구와 교재개발에 참여하였다. 현재 호주에 거주하며 출판기획 및 일본어 전문 번역가로 활동 중이다. 역서로는 『수족관의 비밀』, 『각색짐승 생존백서』, 『이상한 생물이야기』, 『처음부터 말 잘하는 사람은 없다』, 『고양이 푸짱의 맛있는 연애』 등이 있다.

SEIKAKUBETSU HAJIMETE NO INU NO SHITSUKE TO TRAINING
ⓒ IKEDA PUBLISHING CO., LTD. 2007
Originally published in Japan in 2007 by IKEDA PUBLISHING CO., LTD.
Korean translation rights arranged through TOHAN CORPORATION, TOKYO and BESTUN KOREA AGENCY, SEOUL.
Korean translation rights ⓒ 2010 by Donghak Publishing Co.

이 책의 한국어판 저작권은 일본 토한 코포레이션과 베스툰 코리아 에이전시를 통해 일본 저작권자와 독점 계약한 동학사에 있습니다. 저작권법에 의해 한국 내에서 보호를 받는 저작물이므로 무단전재나 복제, 광전자 매체 수록 등을 금합니다.

펴 낸 이	유재영
펴 낸 곳	그린홈
감 수	니와 미에코
옮 긴 이	황혜숙
기 획	이화진
편 집	박선희
디 자 인	임수미

주소 | 121-884 서울 마포구 토정로 53 (합정동)
전화 | 324-6130, 324-6131 · 팩스 | 324-6135
E-메일 | dhsbook@hanmail.net
홈페이지 | www.donghaksa.co.kr | www.green-home.co.kr

ISBN 978-89-7190-323-0 13490

● 잘못된 책은 바꾸어 드립니다.

Green Home 은 자연과 함께 하는 건강한 삶, 반려동물과의 감성 교류, 내 몸을 위한 치유 등 지친 현대인의 생활에 활력을 주고 마음을 힐링시키는 자연주의 라이프를 추구합니다.

1판 1쇄 | 2010년 9월 10일
1판 5쇄 | 2014년 1월 14일
출판등록 | 1987년 11월 27일 제10-149